主编单位◎敦煌研究院

主编◎樊锦诗

报恩父母经典故事

华东师范大学出版社

主编寄语

　　众所周知，中国的佛教与儒家和道教曾经对中国古代社会生活产生过重大的影响。中国佛教美术艺术与佛教相生相伴，相互影响，相互促进。中国佛教美术艺术应佛教需要而成长，应佛教发展而发展，对弘扬佛教教义和佛教思想起过至关重要的作用。中国佛教美术艺术也是中国古代美术艺术不可或缺的重要组成部分，推动了中国古代美术的发展。

　　中国佛教美术留下了无数的遗迹、遗存和遗物，但历史上诸多古刹名寺因战火、天灾、人祸而灰飞烟灭，寺庙建筑中的佛教艺术也随之消失殆尽。唯开凿于山崖的佛教石窟寺虽历经沧桑，仍大多得以保存。敦煌曾经是古代丝绸之路上的交通枢纽，商业贸易的集散之地，是世界上四大文化、六大宗教、十余个民族文化的融汇之处，在敦煌适宜的土壤上，辉煌的敦煌莫高窟及其佛教艺术应运而生。敦煌莫高窟迄今保存了735个洞窟、45000平方米壁画、2000多身彩塑、5座唐宋窟檐。敦煌莫高窟是中国现存规模最大的佛教石窟寺遗址，是世界上历史延续最悠久、保存较完整、内容最丰富、艺术最精美的佛教艺术遗存，代表了公元4至14世纪中国佛教美术艺术的高度成就。

　　然而，敦煌莫高窟这处千年佛教圣地，由于历史原因，公元16世纪以后，竟成为被历史遗忘的角落，它的丰富内涵和珍贵价值长期鲜为人知。

　　清光绪二十六年（公元1900年）发现的藏经洞，出土了公元4至10世纪的文书、刺绣、绢画、纸画等文物5万余件。其中文书，大部分是汉文写本，少量为刻印本。汉文写本中佛教经典占90%以上，还有传统的经史子集和具有珍贵史料价值的"官私文书"等。除汉文外，还有古藏文、梵文、回鹘文、粟特文、于阗文、龟兹文等多种少数民族文字。

　　藏经洞及其文物的发现，引起了学界的震惊，中外学者以藏经洞文献研究为发端，开始关注敦煌莫高窟，从而引发了对敦煌莫高窟和敦煌地区石窟佛教艺术研究的热潮。在这个敦煌研究的热潮中，1944年，一个保管和研究敦煌石窟（包括敦煌莫高窟、西千佛洞、安西榆林窟、东千佛洞、肃北五个庙石窟）的机构——国立敦煌艺术研究所在大漠戈壁的敦煌莫高窟中诞生了。

六十多年来，一批又一批有志青年离开了繁华的都市，来到了西部边陲的敦煌莫高窟安家创业。他们住土房、喝咸水、点油灯，严寒酷暑，大漠风沙，孤独寂寞，磨灭不了他们心中神圣的追求，为了保护敦煌石窟，为了研究和解读敦煌石窟艺术，一年又一年，一代又一代"敦煌人"默默地奉献着青春、智慧、家庭，乃至人生。

经过几代敦煌学者对敦煌石窟长期深入细致的调查、整理、考证、研究，敦煌石窟壁画的尊相画（指大彻大悟、大智大勇的佛，慈悲为怀、普度众生的菩萨，虔诚修行、以求自我解脱的弟子，威武勇猛、守护佛法的天王、力士，轻歌曼舞的伎乐飞天等等佛教众神）、释迦牟尼故事画（指佛教教主释迦牟尼生前救度众生的种种善行故事，今生诞生宫廷、犬马声色的太子生活、出家修行、降魔成道、教化众生的传奇故事）、经变画（指隋唐时期中国艺术家根据大乘佛教经典创作绘制的大幅壁画）、佛教东传故事画（指宣扬佛教东传、佛法威力、佛迹灵验等等神奇故事）、神怪画（指佛教接纳的中原汉地流行的传统神话和神怪形象）、供养人画像（指为祈福禳灾而出资开窟造像的功德主及其眷属的礼佛画像）、图案纹样（指装饰各洞窟建筑、彩塑和壁画的图案纹样）等七类专题性如同天书般的内容逐渐得以认识、揭示和解读。

通过研究，学者们不仅解读了作为敦煌石窟主体的佛教的题材内容、思想、教义及其演变发展，而且还揭示出壁画表现的人间所没有的佛教众神和他们所居住的佛国世界，其素材无不取自于现实人间世界。揭开佛教教义的神秘面纱后，可以看到，敦煌壁画中名目繁多的佛国世界是现实世界的反射。展示在人们眼前的不只是虚幻的佛国世界，而且是一千年敦煌和河西的形象历史，是一千年丰富多彩的古代社会生活，是一千年内涵博大的文化，是一千年壁画和彩塑艺术的发展史。因此，敦煌石窟被誉为"佛教艺术宝库"和"中世纪的百科全书"。今天，当历史图像资料已经成为凤毛麟角的时候，通过博大精深的敦煌壁画认识中国古代历史和社会，显得尤为重要。

此次出版的"解读敦煌"系列丛书，是由敦煌研究院的资深专家和摄影师共同完成的一套内容详备、体例新颖、面向广大读者的通俗读物。本系列丛书具有三大优势：

一、全面涵括了敦煌石窟的建筑、壁画、彩塑以及出土文书的内容，体系浩大、内涵丰富；

二、由敦煌研究院资深专家组成的作者队伍，将他们数十年的研究成果，以佛教、艺术、社会三大类多专题的形式，深入浅出地向读者解析敦煌石窟的奥秘；

三、由敦煌研究院资深摄影师拍摄的两千幅精美照片，向读者全方位、多角度地展示多姿多彩的敦煌石窟艺术。

本丛书将向全世界展示中华民族在历史上创造的杰出艺术成就和东方古代文化的辉煌，向全世界讲述历史留在敦煌的繁华和一个个悠远的故事。

最后，我们通过出版"解读敦煌"系列丛书，以纪念藏经洞发现110周年、敦煌研究院建院66周年、敦煌莫高窟被联合国教科文组织列入世界文化遗产名录24周年。

樊锦诗

2010年6月20日

目录

前言　反映中国传统伦理的八大经变

第一章　报恩经变

1．宣传报恩思想的《报恩经》　19
2．《报恩经》为何流行于中国？　23
3．佛陀为何宣讲报恩经？　25
4．《孝养品》故事　27
5．《论议品》故事　31
6．《恶友品》故事　36
7．报恩经变为何在敦煌出现？　42
8．中唐报恩经变　45
9．晚唐报恩经变　50
10．五代、宋报恩经变　54

报恩父母经典故事

目录

第二章　父母恩重经变

1・《父母恩重经》为何流行？　61

2・敦煌父母恩重经变　64

3・大足宝顶山父母恩重经变　67

第三章　目连变相

1・目连救母故事　71

2・目连变文　74

3・目连变相　76

4・目连故事如何世俗化？　79

第四章　福田经变

1・佛经中所称的福田何解？　83

2・中、印福田思想有何不同？　86

目录

3 · 福田思想为什么在中国流行？　88

4 ·《福田经》如何宣扬福田思想？　91

5 · 现知仅有的两铺福田经变　93

6 · 为什么绘制福田经变？　95

第五章　劳度叉斗圣变

1 · 劳度叉为什么与舍利弗斗法？　99

2 · 劳度叉斗圣变文和变相如何相互影响？　107

3 · 劳度叉斗圣变出现于何时？　112

4 · 劳度叉斗圣变成熟于何时？　116

5 · 晚唐劳度叉斗圣变如何布局？　120

6 · 晚唐劳度叉斗圣变有什么特点？　126

7 · 五代、宋劳度叉斗圣变　132

8 · 为什么出现劳度叉斗圣变？　139

报恩父母经典故事

目录

第六章　宝雨经变

1・内容庞杂的《宝雨经》　145

2・唐代为什么再译《宝雨经》？　148

3・宝雨经变如何图解经文？　150

4・宝雨经变如何反映初唐气势？　156

第七章　戒律变和梵网经变

1・名目繁多的戒律　161

2・宣扬大乘戒律的《梵网经》　165

3・敦煌戒律画如何发展？　169

4・为什么出现梵网经变？　174

5・梵网经变绘了哪些内容？　180

6・梵网经变为什么是敦煌画院的杰作？　186

附录　敦煌大事记

目录

前言 反映中国传统伦理的八大经变

中华民族是一个感恩的民族,从古至今流传下了许多感人的报恩故事,如"点滴之恩,当涌泉相报"、"投之以李,报之以桃"、"衔环结草,以报恩德"、"士为知己者死"等。在传统的报恩思想中,对父母养育之恩的回报是非常重要的。这种报恩行为反映了中华民族重孝的美德。《礼记》曰:"孝子事亲也,有三道焉:生则养,没则丧,丧毕则祭;养则观其顺也,丧则观其哀也,祭则观其敬而时也。尽此三道者,孝子之行也。"提出了衡量孝子的基本准则。古语云:"乌鸦反哺,羔羊跪乳。"既是通过成年后的乌鸦喂养年老的母亲,羔羊跪着吃奶,寓意报答母亲的养育之恩。

传自印度的佛教要求僧尼出家须剃发,须舍弃父母妻儿,出家后不能嫁娶生子,这与中国儒教的"身体发肤受之父母,不可毁伤"、"不孝有三,无后为大"等观念相悖。因此佛教初传中国时,曾被认为是反孝的宗教而受到儒家学者的非难。其实印度佛教的报恩思想与中国传统孝道有相近之处。

印度佛教传入中国后,不断融合汉地儒家伦理道德思想,并结合印度佛教福田功德、因果报应等思想,逐渐形成了具有中国特色的佛教报恩思想,即融通儒家伦理道德思想,以孝道为核心。这可以说是中国佛教报恩思想区别于印度佛教报恩思想的根本特征。但佛教认为父母的恩重是永远无法报答的,对父母的报恩行为也不局限于中国传统观念里的侍奉及满足父母,修福田、造功德、使父母能去恶行善、皈依三宝、奉持五戒、寿终之后生于天上,成为最大的报恩行为。

佛经中的《报恩经》、《父母恩重经》、《福田经》、《盂兰盆经》以及由《佛说盂兰盆经》演绎而来的《目连变

| 报恩父母经典故事 |

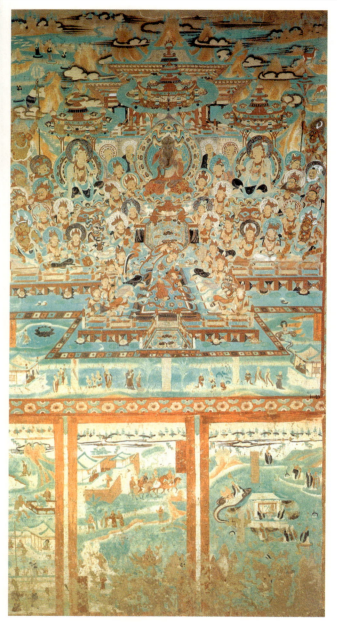

0-1 报恩经变

报恩经变多选择以忠孝、报恩为内容的几品绘画。本图画《报恩经》三品，分布在说法图上下及屏风中。说法图上部是《论议品》的鹿母夫人故事，下部中心画《序品》的阿难乞食路遇婆罗门子。《恶友品》的善友太子故事在说法图下部及下面两扇屏风中。

晚唐　莫高窟144窟　北壁

文》都是宣传忠孝、报恩思想的，并揭示了佛教与中国伦理道德的关系，而依据这些佛经绘制的经变将报恩思想表现得更为生动。

《报恩经》宣传的报恩思想是上报三宝（佛、法、僧）恩，中报君亲恩，下报众生恩。报恩经变根据历史条件的需要，选绘了以忠孝、报恩思想为内容的经品画。《佛说盂兰盆经》、《父母恩重经》讲孝道中的报恩之行，能使父母敬信三宝，奉持五戒，并在七月十五日，以盂兰盆施佛及僧，能报父母恩。父母恩重经变描绘了父母的养育恩德和报恩之行。目连变描绘了地狱的种种恐怖，目连为报母亲的哺育之恩，下地狱寻母，使传统的孝道战胜了佛教的轮回报应。《福田经》翻译时，中国思想领域正在争论神灭和神不灭、因果报应和反因果报应。东晋慧远将佛教因果报应思想与传统的福罪报应、神明不灭思想结合，力图完善道德架构。在佛法中"报恩福田"为三福田之一，即酬报三宝、父母、国王等的恩德，即可得福德、功德。佛为大福田，父母为最胜福田。礼敬三宝，饮食众僧，造像写经，广施众生，既是报恩之行，也

0-2 刺目夺宝、牛王舔刺 ▶

图绘《报恩经·恶友品》中恶友刺瞎善友眼睛,夺宝而去,善友流落民间,得牛王舔刺帮助的情节。左上方恶友骑在善友的身上,右手高举向善友的双目刺下,善友双腿微弓似在用力挣扎。右面的牛正在给善友舔刺,后面一头小黑牛在看。
五代　莫高窟108窟南壁

是为己修福田。敦煌北周、隋代绘制的福田经变,就是这种因果报应、功德思想的反映。

本卷除收录以上提及的报恩经变、父母恩重经变、目连变、福田经变,还收录了劳度叉斗圣变、宝雨经变、戒律变、梵网经变。这八大经变分布于敦煌石窟中的莫高窟、榆林窟、西千佛洞和五个庙石窟,涉及这些洞窟中的51个窟,64铺壁画。数量不一,多者几十铺,少者一二铺,其中福田、宝雨、梵网等几铺经变是中国石窟寺中罕见的。面积大小不同,或为整壁通绘,或为一边一角。据以绘画的文献不同,有经文,也有变文,有些经文是具有明显传统文化内容的疑伪经,或以这些经文改编、演绎的变文。

八大经变反映的不全是报恩思想,有

0-3 外道照镜 ▲
劳度叉斗圣变中,舍利弗战胜劳度叉,六师外道皈依佛教。此外道剃度后,初换袈裟,对镜而视,看着自己的形象,手摸光头,感到非常可笑。
晚唐　莫高窟196窟　西壁

报恩父母经典故事

0-4 陷于混乱的劳度叉及徒众

劳度叉斗圣变中,舍利弗放神风吹来,大树拔根,鼓架被吹倒,外道女难以自持,宝帐倾危;徒众惊恐万状,奋力撑持,有的缘梯抢修帐顶,有的攀上帐柱,有的拽绳,有的打桩一片恐慌。

五代 莫高窟146窟 西壁南部

前言 反映中国传统伦理的八大经变

的讲佛弟子与外道斗法,有的宣传佛教戒律,但它们的出现或是一定时期佛教思潮的反映,或与当时政治、思想领域的斗争有关,或是中国传统文化影响下的产物,揭示了不同时期佛教传播的情况,与中国传统伦理思想均有千丝万缕的联系,因此收录于一卷,以飨读者。

0-5 拒食百味净食
《梵网经》曰:"复作是愿宁以百千刃刀割断其舌,终不以破戒之心食人百味净食。"图绘僧人举刀自截其舌。
五代　榆林窟32窟　西壁

第一章 报恩经变

1·宣传报恩思想的《报恩经》

《报恩经》全称《大方便佛报恩经》，也称《大方便报恩经》，是广大方便、酬报恩德之意，就是宣传佛教的报恩思想，即上报三宝（佛、法、僧）恩，中报君亲恩，下报生恩。

《报恩经》有一卷本和七卷本两种译本，但一卷本古已失佚，七卷本遗传至今，但也失译人名。全经有《序品》、《孝养品》、《对治品》、《发菩提心品》、《论议品》、《恶友品》、《慈品》、《优波离品》、《亲近品》9品。

《报恩经》在中国非常流行。敦煌藏经洞出土的遗书中就有《报恩经》写本48件。正因为《报恩经》受到中国信众的极力推崇，报恩经变也随之产生。敦煌壁画中有35铺依据七卷本《报恩经》绘制的报恩经变，最早的出现于盛唐，吐蕃时期逐渐增多，一直延续至宋代。所绘故事内容，结合当时历史的需要，主要选择以忠孝、报恩为内容的《序品》、《孝养品》、《恶友品》、《论议品》及《亲近品》，并且由于《序品》是《报恩经》的缘起，在经文中有特殊的地位，在报恩经变中一直被绘于说法图的正中下部，对整幅经变起提纲挈领的作用。

报恩经变最早出现于何时，目前难以考定。从北周庾信《秦州天水郡麦积崖佛

1-1-1　绢画报恩经变相图
唐
纵177.6厘米　横121厘米
现藏英国博物馆

图依据《大方便报恩经》绘制。经文讲述释迦牟尼过去若干世报效佛恩、君亲恩、众生恩故事。画面以释迦佛说法图为中心，两旁环绕众多菩萨、弟子、诸天，后有楼台、殿、阁，前有水榭雕栏。天空有四方佛及眷属乘瑞云赴会，构图与壁画中净土变类同。画面右侧是孝养品之须阇提太子本生故事画，左侧是论议品中之鹿母夫人故事和恶友品之善友太子入海与弟恶友的故事。这些故事画以反映忠孝思想，报效君亲恩为主题，深受汉族传统的儒家伦理道德观念影响。

1-1-2 报恩经变

上部宝盖后画山水，以示耆阇崛山，两角山水中画《论议品》鹿女夫人故事。说法图下部画《序品》阿难乞食路遇婆罗门子。右侧为《孝养品》须阇提太子本生。左侧画《亲近品》金毛狮子坚誓本生，右画一比丘，对面有五人，为《亲近品》中小比丘独自感化群贼的故事，图中以五人代表五百恶贼，此幅经品画在敦煌石窟中仅此一例。

中唐　莫高窟112窟　北壁

宠铭并序》中"昔者如来追福有报恩之经，菩萨去家有思亲之供"的记载来看，可能在北周时期麦积山石窟就有报恩经变。

《大慈恩寺三藏法师传》卷九记载，显庆元年（公元656年），玄奘为唐高宗太子满月呈献"报恩经变一部"。《大唐福州报恩寺多宝塔碑记》记载该寺北壁绘报恩经变相。此外，敦煌遗书有《佛说报恩经讲经文》（原名《双恩记》）。根据这些记载，唐代报恩经文和经变可能已经相当流行。

虽然文献中有诸多关于各地绘制报恩经变的记载，但就目前所知，报恩经变仅见于敦煌石窟。值得一提的是，《恶友

| 第一章 报恩经变 |

品》、《孝养品》中提及的善友太子和须阇提太子故事属于本生★故事，早在《贤愚经》已有记载。据《贤愚经》绘制的须阇提本生故事画和善事太子入海本生故事画，在敦煌北周296窟及中国新疆克孜尔石窟已有绘制，但表现形式均与报恩经变内的同名故事有异。

1-1-3 报恩经变
此铺经变是曹氏归义军时期画院艺术的典范作品之一。整铺经变基本完好，尚存部分榜题。尤其是颜色新鲜如初，线条清晰可见。
五代　莫高窟108窟　南壁

报恩父母经典故事

1—1—4 说法图
殿内的佛陀正在说《报恩经》，其身上及供案净瓶上所贴的金箔犹存。
五代　莫高窟108窟　南壁

知识库

★ 本生

记述释迦牟尼生平故事的经典分为本生和本行。本生，梵语作Jataka，音译多伽，意为"本起"、"本缘"。佛教认为，释迦在过去无数世，与众生相同，也处于六道轮回之中。他之所以能成佛道，是因其在无数轮回之世能坚定信念作舍身救世、施物济人的菩萨行以及坚持修行、精进求法的个人历炼，并修满"六度"的缘故。本生，就是讲述佛陀前无数世的的修行故事。本行，即佛传，记述从释迦出生、成人、出家、苦修、悟道、说法乃至涅槃的种种事迹。

2·《报恩经》为何流行于中国？

佛教作为一种外来宗教，传入中土时遭遇了中国传统思想、王道政治、民族习俗等因素的抵抗和排斥。佛教要在汉地扎根，就必须依附中国传统文化，符合中国伦理道德的要求。

佛教与儒学在思想上的最大矛盾是出世主义与忠孝伦理观念的矛盾。佛教认为家庭和世俗社会是烦恼与痛苦的根源，故重出世解脱，不受世俗礼法道德的约束。儒家认为僧人出家修道，是背离父母，割爱辞亲；超出世俗统治政权之外，是无父无君；超脱现实社会，是不受世俗礼法道德约束；从而使"父子之亲隔，君臣之义乖，夫妇之和旷，友朋之信绝"。这些都与统治者的伦理道德支柱——忠君孝亲相矛盾。因此，佛教传入中国后就出现了儒、佛之争。

南北朝时期佛教初传中国，儒、佛极激烈。为了适应儒家的伦理道德观念，佛教极力调和儒、佛的关系，强调二者的一致之处。因此，一些佛教学者删改、编撰出符合儒家伦理观念的经典。《报恩经》就是这一形势下的产物。该经不但极力宣传佛教的报恩思想，还迎合儒家的忠君爱国、孝顺父母的传统道德观念。经文中说"报恩福田"为三福田之一，佛为大福田，父母为最胜福田。经文中还以一些本生因缘故事，讲了孝养父母、奉事师长、修十善业、受持三归及具足戒、发菩提心等报恩行为。《报恩经》对谓佛教为无恩

1-2-1　恶友品、孝养品 ▼
这两幅报恩经变的经品画构图有创新，尤其是将须阇提割肉侍亲这一最有感染力的情节，绘于经变下部与人等高的位置，突出《报恩经》以忠孝报恩的经旨。
五代　莫高窟108窟　南壁

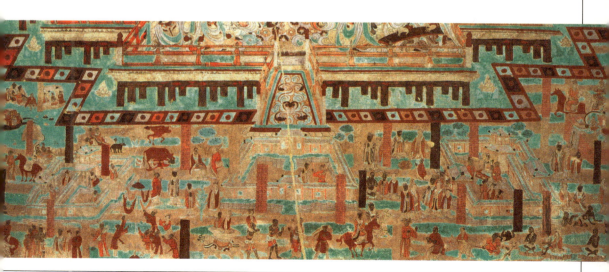

分人的指责作了有力的反驳,因此不但受到深受儒家孝道伦理熏陶的中国民众的欢迎,也得到统治者的支持。

隋唐时期儒释之争进入新的阶段,但二家的合流是总的趋势。在儒家忠孝思想的强大影响下,隋唐五代以来佛教学者公开提倡忠孝,佛教逐渐庶民化,儒道佛三教不断融合。佛教徒不仅删改、编撰已有佛经,而且杜撰经文,并以这些经文创作出《父母恩重经讲经文》、《目连变文》等文学作品以及经变画,来宣扬孝道思想。这些经文、经变不仅加进了儒家的孝道思想,还加进了纯属传统文化的孝子事迹,连佛经中讲释迦弟子目连入地狱救母亲的《盂兰盆经》也被中国僧人视为孝经。从疑伪经★及其经变、讲唱文学的形成和演变,可以看出佛教中国化的进程。

知识库

★疑伪经

中国古代佛教徒自己撰述而假托"佛说"并借汉文翻译形式出现的佛教经典,被称为"伪经",怀疑为"伪经"的称"疑经"。古印度所出的佛经虽有许多假托"佛说",但中国佛教徒历来把从印度、西域传入的经典一概视为"真经"。因为疑伪经不许编入佛教典籍总集《大藏经》,故大部分已经佚失,但仍有少部分被编入。敦煌发现的一些疑伪经对研究佛教在中国的发展史有重要参考价值。

1-2-2 须阇提太子割肉、奉肉和辞别 ◀

须阇提割大腿上的肉时坐着,向父母奉肉时双手捧肉跪着,辞别时趴在地上,目送父母。须阇提割过肉的腿上鲜血淋淋,让人惨不忍睹,其情景不见于其它洞窟。

五代　莫高窟108窟　南壁

3·佛陀为何宣讲报恩经?

《报恩经·序品》讲述了佛陀宣讲报恩经的缘起。经中说,佛在王舍城耆阇崛山,接受二万八千人比丘众、三万八千人菩萨、无量百千欲界诸天子等的供养赞叹。佛弟子阿难承佛神威,在清晨时分前往王舍城挨家挨户地乞食。

当时王舍城中有一婆罗门,十分孝顺父母,但家境贫寒,因此背着老母亲靠乞食为生。阿难乞食时恰巧遇到了这个婆罗门,并看到他把要到的美食给老母亲吃,自己吃坏掉的恶食。阿难十分感动,因此颂偈称赞他:"善哉善哉!善男子,供养父母奇特难及!"此情景恰被一个梵志所见。这个梵志信仰六师外道,虽聪慧善辨,通达占相算计,但心术不正,十分妒忌佛教徒。他趁机斥责阿难:"你的师祖释迦及诸位弟子,自称行善且有大功德,却只是虚有其名!释迦刚出生七天,他的母亲摩耶夫人就去世了,是为恶人!作为迦毗罗卫国的王子,抛弃作为国家王位继承人的职责,逾城出家,实为不忠!他不顾父母养育之恩,害得其父闷绝晕倒,七天后才醒过来,醒后也终日沉浸在失去爱子的悲痛中,实在是不孝之人!他既娶瞿夷为妻,又不行妇人之礼,让她愁眉不展,可见又是毫无夫妻情意的人!这样不孝、不忠又无情无义的人,还标榜有大功德,简直可笑!"

阿难听了梵志的话,心生惭愧。乞食结束后回到佛的住所,便问佛说:"佛法

1—3—1 阿难路遇婆罗门 ▼
画面上部残毁。这是《序品》,交代佛说《报恩经》的缘由。画面左边身着袈裟的阿难正被六师徒党训斥,后面肩负老人者为婆罗门子。
盛唐　莫高窟148窟　甬道顶

报恩父母经典故事

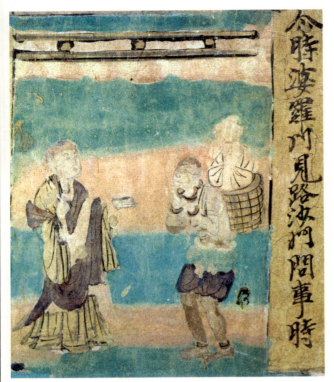

1-3-2　阿难路遇婆罗门
此幅阿难行乞路遇婆罗门子的画面，榜题"尔时婆罗门见路沙门问事时"清晰。画面中仅有阿难和婆罗门，而无六师徒党。尤其是婆罗门弓背弯腰，背坐于竹篓之中的老母，很有生活气息。
五代　　莫高窟4窟　　南壁

方面内容，一是说法图，一是婆罗门行乞。婆罗门行乞是《报恩经》的缘起，表明该经的宗旨，也是经变的点题之作，因而被置于说法图正中的下部。这种构图形式紧扣经旨，对报恩经变的经意和其它经品画的理解具有重要作用，因而一直沿用。

唐代大多数经变画中，说法图一般是占据经变中间的主要部分。莫高窟31窟开凿于大历年间前后，报恩经变绘于北壁。像盛唐时期成熟的经变画一样，一部经独占一壁，画面分为左、中、右三栏。中间一栏表现的是《序品》，主要是表现说法会，说法图占据了经变的大部分。说法图下面画的是婆罗门乞食，画面很小，且已漫漶不清。

莫高窟148窟是敦煌豪门大姓李太宾于大历十一年（公元776年）前建成的功德窟。报恩经变绘于拱形甬道顶上，也是唯一一铺绘于甬道顶的报恩经变，惜大部分已塌毁。从残存部分来看，顶部绘的是《序品》。由于仅残存《序品》下部，有无说法图已无从确定。婆罗门行乞部分保存尚好。

之中，有无孝养父母？"佛便问阿难为何有此疑问，阿难便将在王舍城中的所见所闻向佛陀诉说。佛陀听后遍请四方诸佛及菩萨聚会，为此而说《大方便佛报恩经》，宣讲自己过去若干世报恩诸事。

《序品》在整部《报恩经》中具有提纲挈领的重要作用，因此在敦煌报恩经变中多有绘制，且占据重要画面。主要有两

第一章 报恩经变

4·《孝养品》故事

《报恩经·孝养品》中,佛陀告诉诸弟子、菩萨、善男子,他之所以能成佛,是因为在过去无数世中,像子女对待父母那样全心全意地关照众生,也像父母呵护子女那样爱护众生,为天下众生,"常修难行苦行,难舍能舍,头目髓脑,国城妻子,象马七珍,辇舆车乘,衣服饮食,卧具医药,一切给与,勤修精进,戒施多闻,禅定智慧,乃至具足一切万行,不休不息,心无疲倦,为孝养父母,知恩报恩故,今得速成阿耨多罗三藐三菩提。"为了印证自己自己在过去世里孝养父母,佛陀讲述了须阇提太子的故事。

世尊说,过去某一世时,有一个国家叫波罗奈国。国王有二万夫人,四千大臣,五百健象王,统辖着六十小国八百聚落。国王有三个儿子,各统治一方。波罗奈国国王聪睿仁贤,国家繁荣昌盛,但有一大臣罗睺起兵反叛,破国杀王,还派兵攻打三位王子管辖的国家。国王的大王子和二王子先后被杀。三王子性格仁善,以正法治国,不邪枉人民。他所管辖的国土丰乐,人民炽盛,国民无不赞美他,虚空诸天一切神祇也十分敬爱他。三王子育有

1-4-1 须阇提本生故事画
北周　莫高窟296窟　北壁 ▼

报恩父母经典故事

1-4-2 逾城出逃
画面中的波罗奈国城依山傍水，城中殿坐小王，一守宫神乘云停于城头上，向小王报告叛军将至。小王得讯后携王妃及太子须阇提逾城出逃；城墙上搭有梯子，有一人正从墙上沿梯而下，地上放一包袱，是所带七日的粮物。
中唐　莫高窟231窟　东壁门南

一子，名叫须阇提，虽然只有七岁，但非常聪明慈仁，且喜好布施。正因为三王子受到爱戴，驻守宫殿的神祇将罗睺起兵反叛的消息告诉了三王子，让他赶紧出逃。三王子决定携妻儿逃至邻国求救。

当时去往邻国的路有两条，一条七天可达，一条需要十四天。三王子带了足够七天食用的粮食，准备取近路去邻国，不料因惊惶出逃而走错了路。七天后，王子所带粮食已经吃完，但到达邻国还有很远的路。一家三口陷入了绝境。

为了活命，三王子决定杀妻食肉。须阇提知道后阻止了父亲，并提议割取自己的肉供父母食用。于是王子夫妇日日割食儿子的肉，以保全生命，到邻国求救。当须阇提身上的肉皆已食毕时，须阇提劝父母赶快离去，不要再管他。王子夫妇只得含泪离去。

父母走后，蚊虻等闻见血腥味，也来食取须阇提的血肉。须阇提发声立誓愿："宿世殃恶从是除尽，从今已往更不敢作。今我此身以供养父母，济其所重。愿我父母常得十一余福，卧安觉安，不见恶梦，天护人爱，县官盗贼阴谋消灭，触事吉祥。余身肉血施此诸蚊虻等，皆使饱满，令我来世得成作佛。得成佛时，愿以法食除汝饥渴生死重病。"须阇提的誓愿震动了天地，引来了帝释天。

帝释天问他是否后悔以身济父母，须

28

| 第一章　报恩经变 |

阇提为表明心迹，立誓说如果自己是真心奉养父母，就让身体复原。誓言刚毕，须阇提的身体就奇迹般地复原如常。

三王子到达邻国后，向邻国国王述说了儿子以身济父母的行为，国王大为感动，因此借兵给三王子复国。在回国路上，三王子见到了恢复如常的须阇提，父母十分欢喜，一家人共载大象还归本国，并因为须阇提的福德成功复国。

须阇提故事是一则非常感人的佛陀本生故事，在其他佛经中也多有提及。莫高窟北周296窟中已有根据《贤愚经》绘制须阇提本生故事画。报恩经变中的须阇提本生故事画最早出现在盛唐31窟，绘于北壁报恩经变的左侧。此幅画作对割肉济父的情节用了大量笔墨，从须阇提劝父至身体复原，占了该品故事的大半。尤其是辞别父母一节，夫人回首望着仅剩骨架的太子，右手拉着国王，左手拭泪，将母子在生离死别时，依依不舍、凄凄惨惨的情景表现得极为生动。全画突出了该品经文的主题：为了救国于危难之中，不惜以"身体血肉供养父母"。这铺经变画，即以须阇提为国捐躯的事迹来激励人民，报效唐王朝，具有强烈的社会意义。

莫高窟231窟开凿于吐蕃统治敦煌时期。门南报恩经变右侧的《孝养品》画面也通过以血肉之躯孝养父母，表达了救国于危难中的忠君思想。这在《阴处士碑》

1-4-3　须阇提太子割肉济父母 ▶
画面以山水为背景自下而上展开。由守官神报警始，至邻国使臣迎王和夫人，绘有逾城出逃、陷入困境、太子劝父、太子割肉、帝释考验等情节。
盛唐　莫高窟31窟　北壁

1-4-4 邻国使臣相迎
国王及夫人逃至邻国，向邻国国王讲述大臣罗睺叛乱及须闍提割肉济亲的孝行。邻国国王深感其慈孝，即起兵讨伐罗睺。这里邻国国王和使臣是骑马相迎，与以后所画的徒步相迎不同。
中唐　　莫高窟231窟　　东壁门南

中也说得很清楚，文中的"陇上痛闻豺叫，枭声未殄，路绝河西，燕向幕巢，人倾海外"，显然是怒斥吐蕃为"豺"、"枭"，阻塞了通往天朝之路，民众就像燕子思念巢穴一样思念中原王朝。表达了窟主寄人篱下，无可奈何的心情和对民族压迫的不满。

敦煌之最

★ 莫高窟最早的须闍提故事画

莫高窟最早的须闍提故事画处在在北周296窟，为横幅式连续画。人物形象面短而圆，身健体壮，已不同于西魏瘦削修长的"秀骨清像"。画面以青、绿、白、红为主，线条流畅，色调温丽，人物外廓的定型线用土红勾勒，这是典型的北周艺术风格和技术手法，可惜人物面相的色线隐没、褪变，五官形状神韵已无法辨识。画中所绘的北周城墙汉式建筑，军队出征的军容、征战等场画面，都有可取之处。

1-4-5 邻国国王相迎
这是须闍提太子故事中邻国国王、王后迎接小王及夫人的情节。画面中绘有一组土木结构建筑的庭院，院中人来人往。
五代　　莫高窟98窟　　南壁

5·《论议品》故事

《报恩经·论议品》主要讲佛孝养父母的本生故事。先讲波罗奈国忍辱太子断骨出髓、挖双眼救父,然后以鹿女的故事,说明释迦之母摩耶夫人以何功德、因缘得生如来。以此说明"父母众僧是一切众生二种福田"。

忍辱太子故事说的是,在过去无数世中,有个波罗奈国,国王聪睿仁贤,以正法治国不枉人民。国王多年无子,因此供养奉事一切神祇,十二年后终于有了一子,取名忍辱。忍辱太子长大后,聪明慈仁,好喜布施。当时国王有六大臣,性情暴恶,奸诡佞谄,枉横无道,为民所厌。六大臣十分嫉妒太子,总想着如何除掉太子。突然,国王身患重病,命不久已。六大臣便趁机对忍辱太子说,

国王只有吃不嗔人眼睛及其人髓才能病愈。于是太子就将自己的眼睛和骨髓做成药给父亲吃。国王服药病愈后,得知太子以身制药,现已死去,悲痛万分,因此收敛太子尸身起塔供养。那时的国王既是佛陀今生的父亲悦头檀,那时的母亲既是佛陀今生的母亲摩耶夫人,那时的忍辱太子就是佛陀本人。

鹿女故事说的是,在过去无数世的波罗奈国中,有一仙山,山上住着许多佛和仙人,其中一仙人住在南窟,另有一仙人

1-5-1 母鹿生女 ▶
左上见南窟仙人蹲于泉边便溺,右面雌鹿饮水时舐食便溺,雌鹿产女并舐鹿女,后鹿女被北窟仙人抱走收养。
中唐 莫高窟231窟 东壁门南

| 报恩父母经典故事 |

1-5-2 鹿女夫人故事
此故事位于经变右上角,情节由下至上展开。图中左下角的宏伟建筑属说法图,与本经品画无关。
晚唐　莫高窟85窟　南壁

住在北窟。一雌鹿因食南窟仙人便溺受孕,产下一女。南窟仙人收养了鹿女。鹿女十四岁时,到北窟仙人处借火。她举足步步皆生莲花。鹿女借火离开后,国王恰巧狩猎经过北窟仙人住处,看到了满地莲花,因此赞叹北窟仙人的大福德。北窟仙人便告诉国王,莲花是鹿女留下的。国王便来到南窟仙人处,求娶鹿女为第一夫人。鹿女答应了国王的求婚,并同国王一起离开了。鹿女离开后,南窟仙人怨恨鹿女不顾养育之恩,弃他而去,便用咒术诅咒鹿女。鹿女入宫后产下一子,国王却因受仙人咒术的蛊惑,将孩子遗弃了。数天后,国王和大臣入后园游戏,突然园中莲花池内有一莲花大放光芒,国王命人入池取之,发现五百莲花瓣中各有一子。后来国王得知此处既是抛弃鹿女所生之子的地方,非常懊悔,并让相师为五百太子占相吉凶。相师说太子将为国家带来大福报,国王大喜。鹿女因此恢复了第一夫人的地位。五百太子成人后,皆悟道出家,修成佛果。太子涅槃后鹿女收太子身骨,起五百塔供养,并希望世就算只生一子,这一子也能成就佛道。那时的鹿女夫人就是现在的摩耶夫人。她因供养五百佛及修无量善业,而今世得生如来身。那一世她之所以为鹿所生,是因为她在此前一世不知父母养育恩,辱骂其母不如鹿

1-5-3 步步生莲

此图榜题清晰,右下角见南窟仙人便溺于池边,雌鹿舐饮便溺怀孕,生鹿女。鹿女到北窟借火种,窟中为北窟仙人,鹿女步步生莲,为骑马路经的国王所见,聘为第一夫人。图中一条小溪蜿蜒曲折,鹿女沿溪款款而行,所行之处莲花朵朵,绿草野花点缀其间。

晚唐　莫高窟85窟　南壁

生;她有足下生莲的福德是因为有礼遇沙门的福报。

莫高窟112窟报恩经变上部的《论议品》,是一幅极佳的山水画,山峦迭嶂,流水潺潺,烟云缭绕,树木清秀。左边是鹿女饮水,右边是步步生莲。由于所绘情节太少,人物完全成为陪衬,隐于山水画之中,因而喧宾夺主,故事内容则反而不明显了。

莫高窟231窟报恩经变一改盛唐经品画的布局,将《恶友品》绘于下部的屏风内,而将报君亲恩的《孝养品》、《论议品》置于左右侧,尤其是将《论议品》绘于整个经变的左侧。窟主这一安排是为了表达其报恩思想。《阴处士碑》文曰:"就莫高山第二层中,方营窟洞,其所凿窟,额号报恩君亲也。"因为父母有"十月怀胎,推乾去湿,乳哺长大,教诲技艺……"之恩,所以窟主将《论议品》

1-5-4 池中巨莲

鹿女生一莲花,国王弃莲于池。后巨莲开放,国王发现池内莲花的五百叶下各有一童男,这情节没有绘画,只用榜题交代。

晚唐　莫高窟85窟　南壁

| 报恩父母经典故事 |

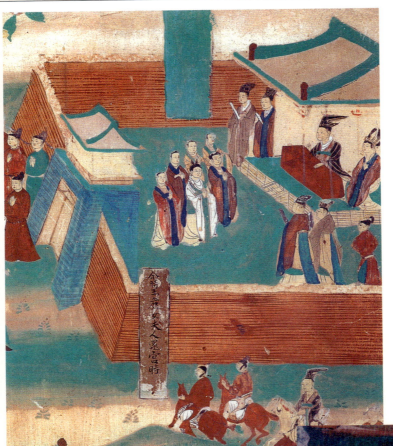

1-5-5 鹿女夫人还宫
国王知巨莲中之子为夫人所生，把夫人接回宫中，恢复其位。
晚唐　莫高窟85窟　南壁

1-5-6 步步生莲
画面上部是鹿女行处朵朵莲花，国王向仙人作揖索求鹿女，鹿女侍立于旁。下部是国王和巨属请鹿女上马回宫。此窟特别强调鹿女夫人从迎娶到复位的内容，因为此窟是窟主为母亲而建的。
晚唐　莫高窟138窟　东壁门北

置于重要位置。

　　莫高窟138窟北壁的报恩经变由于烟熏，已不太清楚。东壁门北的报恩经变场面宏大，其两侧的经品画是两幅极为精美秀丽的人物山水画。尤其让人注目的是北侧《论议品》的鹿女故事，国王迎娶鹿女夫人至复王后之位的情节，占据了画面的大部，并位于显著位置。《论议品》以鹿女夫人的故事，说明摩耶夫人因修无量善业，得生佛陀，父母是三界内最胜福田，并开篇即讲释尊为报其母摩耶夫人养育之恩，即升忉利天为母说法90天，以说明释尊知恩报恩，孝养父母。此窟是张承奉为其母所建，相信因此而特别强调报恩经变及《论议品》。

1-5-7 娶鹿女回宫
国王娶鹿女回宫，前有卫属开道，后有旌旗仪仗相随。画面以碧绿的青草地为近景，绵延起伏的山脉作远景，给人一望无际之感。
晚唐　莫高窟138窟　东壁门北

1-5-8 鹿女夫人复位
国王知池中莲花童子为鹿女夫人所生后，重立鹿女为第一夫人。国王、臣属骑马到池边观莲花，国王坐于池边的椅子上，牵马的侍从立于身后。下面城内国王坐于殿内，鹿女夫人立于旁边，是鹿女夫人复位的情景。
晚唐　莫高窟138窟　东壁门北

6·《恶友品》故事

《报恩经·恶友品》中说,提婆达多常怀恶心毁害如来,但世尊不以为患,并说提婆达多不仅这一世加害世尊,在过去世时也常害世尊,因此讲述了善友太子故事。

故事说的是,在过去世的波罗奈国,国王名摩诃罗阇。他聪睿仁贤,以正法治国,不枉人民,统辖着六十小国八百聚落。虽有众多夫人,但一直无子,因此国王向诸神祇祷告祈福,十二年后,第一夫人和第二夫人皆受孕生子。国王非常高兴,聘请相师为两位王子占相吉凶。经相师占卜,第一夫人所生子取名善友,第二夫人所生子取名恶友。长大后的善友太子聪明慈仁,好喜布施,为父母喜爱,而恶友太子性格暴恶,为父母憎恶,因此恶友非常嫉妒善友。

一日,善友太子出城,看见众生弱肉强食,百姓辛苦耕作的情形,忧愁不悦。回宫后便乞求国王打开国库,布施众生。国王同意了,于是宣令国土,如有欲得衣被饮食者,恣意取用。但不久之后,国库就要空竭。善友太子认为孝子不应倾竭父母库藏,因此决定入海龙宫采能称意给足

1-6-1 善友太子布施
城外放一桌子,上置财物,善友太子正在向穷苦民众施舍。
五代 莫高窟4窟 南壁

| 第一章　报恩经变 |

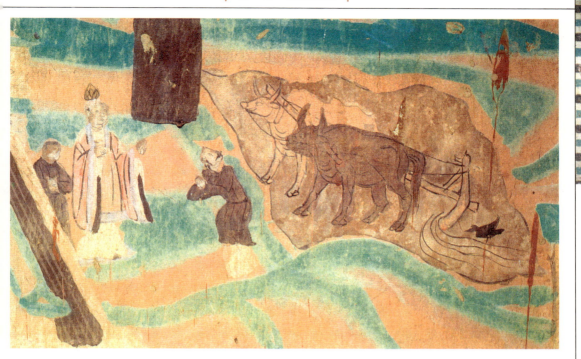

一切众生的摩尼宝珠★。

　　善友太子带领盲眼向导等五百人出海寻宝，恶友太子也跟去了。太子一行人在海上遇到了珍宝山，太子便留下大队人马在此装载珍宝，自己带少数人继续前行。此后太子遇到白银山、金山，在金山时盲眼向导疲劳而死，只剩善友一人。善友经过诸多艰难险阻，终于到达龙宫，并以向龙王说法示教取得了摩尼宝珠。龙王还以神力将善友送回了岸边。

　　抵达岸边后，善友见到了恶友，得知其他船员全被淹死了，便决定同恶友一起护送宝珠回国。不料路上恶友想独占此珠，在善友休息时将他的双目刺瞎夺珠而去。恶友回国后，骗国王说善友和其他人

1-6-2　太子见劳力耕作　▲
榜题"时太子既见人劳力耕时"。画中太子向农夫寻问。右面是二牛耕地，一只鸟跟在牛只之后，啄食地上的虫子。这是在恶友品中新出现的情节。
五代　莫高窟4窟　南壁

都死在了海上，国王夫妇伤心欲绝。

　　被刺瞎的善友辗转来到与其定有婚约的利师跋国，得到牛王舐目，减轻痛楚。此后善友靠在街上弹筝卖艺为生。当时给国王看守果园的人见善友可怜，就让他在果园中防护鸟雀。善友闲暇时在园中弹筝自娱，被利师跋国公主听见。公主心生爱慕，要嫁他为妻，但善友以二人身份悬殊拒绝了。公主立誓如果自己是真心嫁他为妻，就让他一目恢复光明。公主誓毕，善友的一目果然恢复了。善友知道公主真心

| 报恩父母经典故事 |

对待自己，便告诉她自己是波罗奈国的善友太子，因被恶友所害双目失明，流落至此。公主不信，太子便立誓说，如果自己所言不虚，就让另一只眼复原。誓毕，眼睛真的恢复如初。公主回宫告诉国王此事，国王便派人护送太子回国。

回国后，父子相见，善友太子原谅了恶友的行为，并劝他交出摩尼宝珠。当月十五日，善友持摩尼宝珠立下奉养众生誓愿，宝珠顿现灵异，普降甘雨，滋润禾苗，又化无数财珍宝、金银、衣食、物品等。那时的恶友即是提婆达多，善友即是如来。

1—6—4　银山、金山　▼
善友入海取宝时，先后经过银山、金山和七宝山。因恶友贪图金银，船载过重而沉没。画面中间是恶友及随从正在搬运金银，右上方是运金银的船。
盛唐　莫高窟31窟　北壁

1—6—3　善友太子入海取宝　▲
在完整统一的场景描绘中，自上而下按时间先后展开故事情节，连续性很强。
盛唐　莫高窟31窟　北壁

| 第一章 报恩经变 |

莫高窟31窟报恩经变右侧《恶友品》的善友太子故事，始于太子施舍，止于雨宝。第一个情节的善友施舍和最后一个情节的善友雨宝，位于整个故事的最下方，从第三个情节的善友乞父寻宝开始，自上而下展开。将善友施舍和雨宝置于说法图下方，这种布局成为这一故事的基本格式，历代沿用。这布局也切合报恩经的经旨："如意宝珠，溥施群生"（《张淮深功德记》）。

莫高窟154窟中报恩经变的经品画以《恶友品》为主，左侧条幅从入龙宫取宝开始，至树下弹琴，后转至右侧条幅的下部，画父子相见和雨宝。画中的善友和恶友像两个少年童子，一脸稚气，尤其是父子相见一节，父亲紧紧抱着久别重逢的儿子，父子相互审视，夫人站在后面好像在祈祷着全家团聚的一刻。

知识库

★ **摩尼宝珠**

意译为"如意宝"。指能如自己意愿，变现出种种珍宝的宝珠。此宝珠还有除病、去苦等功德。一般用以譬喻法与佛德，及表征经典的功德。按佛经说，"此宝光净不为垢秽所染"，"投之浊水，水即为清"，"有此宝处，必增其威德"。

1-6-5 善友太子入海取宝 ▶

画面右上绘海师命终后，善友抱海师痛哭；善友遵海师所嘱入龙宫取宝，入海时青蛇盘莲茎怒视善友，善友以三昧力踏莲而过；右上善友在龙宫为龙王说法；在宫前善友双手捧摩尼宝珠出海。

中唐　莫高窟154窟　北壁

报恩父母经典故事

1-6-6 刺目夺宝
善友太子在龙宫得摩尼宝珠。恶友趁善友憩睡之际取树刺两枚,刺其兄双目,夺珠而去。
中唐 莫高窟154窟 北壁

1-6-7 亲人相会,宝珠雨宝
上部是善友从利师跋陀国返国后,与父王母后相见,父子相抱共诉离别之情,母后为全家的团聚祈祷祝福。下部善友供宝珠于柱台上,登高楼,拜祈宝珠雨宝,宝珠遂变化无数财物普施众生。
中唐 莫高窟154窟 北壁

1-6-8 众骑迎善友太子 ▶

图中四人骑马迎太子归国的画面有特色，人物和马的形象、动态丰腴矫健，有唐代遗风。白马和红马各两匹，昂首健步疾行。

五代　莫高窟108窟　南壁

1-6-9 宝珠雨宝 ▶

善友太子坐于门楼上，高悬宝珠雨宝，百姓有的伸手相接，有的抱着东西离去。可惜有些人物面貌线条已模糊。

五代　莫高窟108窟　南壁

| 报恩父母经典故事 |

7·报恩经变为何在敦煌出现？

安史之乱后，吐蕃东侵长安，西掠河西，于公元766年时，已尽有兰州至瓜州的河西之地，沙州（敦煌）也在吐蕃的重围之中，危在旦夕。随着唐军节节西退，大批官民僧尼聚集沙州，莫高窟31、148窟就凿建于这一特定的历史时期。在吐蕃的重重包围中，不愿沦亡的意识和强烈的民族情结，表现为效忠唐王朝，因此这两窟中出现了敦煌最早的报恩经变。

作为新出现的经变，报恩经变最初仅被绘于甬道顶，从莫高窟31窟开始在主室整壁绘制，从此成为敦煌壁画的主要题材之一。最早入画的经品画《序品》、《恶友品》、《孝养品》，除具有很强的故事

1-7-1 报恩经变 ▼
通壁而绘，说法场面宏大，是敦煌石窟报恩经变中唯一的一铺。中部为《序品》说法场面，释迦佛结跏趺坐于大殿的仰莲宝座中，左右是听宣讲《报恩经》的诸大比丘、比丘尼、菩萨、四大天王、天龙八部等。左边绘《孝养品》须阇提太子割肉济父，右边绘《恶友品》善友太子寻宝施财。
盛唐　莫高窟31窟　北壁

第一章 报恩经变

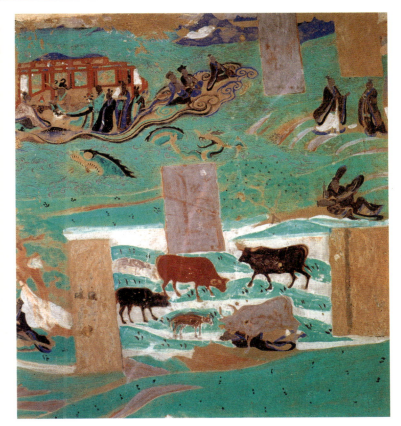

1-7-2 善友太子入海取宝
仅存龙宫取宝、出海、刺目和牛王舐刺四个情节。上部海水汹涌，鲨鱼推波助澜的情景是此经变同一情节中很独特的画面。下部画面中追逐水草的牛群悠然自得。这是敦煌报恩经变故事画的优秀作品。
盛唐　莫高窟148窟　　甬道顶

一直沿用。《序品》画面残损，《孝养品》和《恶友品》的画面，细腻生动，为以后各时期所不及。另据考证该窟西壁涅槃图中的"棺盖自启为母说法图"，是依据敦煌地区流行的《佛母经》绘制的，以释迦佛再生，为母说法为主线，揉合了中国传统的孝道思想与佛教的无常思想，这正与甬道顶《报恩经》中孝亲事亲的忠孝思想相互呼应。这应是窟主为了表达造窟意图而刻意安排的。

性、观赏性外，还宣传了儒家忠孝思想，表达了当时敦煌人民的民族感情，因而深受民众喜爱。

莫高窟148窟报恩经变将《序品》绘于甬道顶，两坡分别绘《恶友品》、《孝养品》。以《序品》、《孝养品》和《恶友品》，作为报恩经变的基本内容的做法

莫高窟31窟报恩经变绘于北壁，为通壁巨作。图分三栏，中间绘《序品》，《恶友品》及《孝养品》分绘说法图两侧，形成主次分明而又统一的装饰效果。构图的特点主要是满，具有强烈的装饰意味。画上的人物和场景布局，已不是早期简单平列的形式，而是主次、疏密、聚散，变化自如，条理清晰，节奏分明。两侧的故事以山水画为背景，山峦起伏、水波浩渺，"咫尺之图，写千里之景"。

| 报恩父母经典故事 |

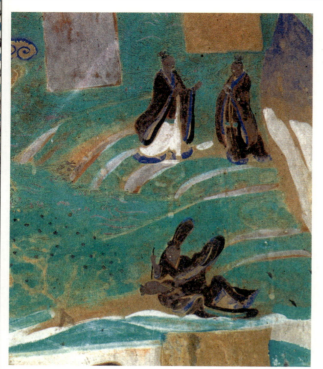

1-7-3 刺目夺宝
善友取珠宝上岸后与其弟恶友相见。恶友见善友获宝，心生忌意，乘善友入睡，用毒刺刺其双目，夺珠而去。画中恶友因用力猛而使袍袖扬起；倒地的善友双腿蜷曲，用力挣扎。
盛唐　莫高窟148窟　甬道顶

1-7-4 须阇提太子割肉济父
尚残存六个情节。帝释天所化的狮子和老虎，雄威逼真，在以后的画面中很少见。其上是太子割肉情节，国王帮太子割肉，其母在一边掩面痛哭，也不见于以后的洞窟。
盛唐　莫高窟148窟　甬道顶

8·中唐报恩经变

公元781年,吐蕃占领敦煌,此后进行了长达67年的统治。吐蕃占领敦煌的这段历史称为中唐。吐蕃占领河西之后,民族矛盾更趋尖锐。被统治的汉族和其它各族人民掀起了一股忠君孝亲的思想热潮,以忠于唐朝君主的口号,反抗吐蕃贵族。这一形势对石窟开凿带来的直接影响,就是报恩经变的大量绘制和父母恩重经变的出现。

中唐洞窟无论大小,都画上了多种经变,从一壁一铺增加到一壁三四铺,仅莫高窟231窟就有经变题材12种。难以容身的小窟也常有三四种经变。诚如《张淮深碑》中所说的:"参罗万象,表化迹之多门","一窟之内,宛如三界"。这一时期新的经变题材也不断出现,内容越来越丰富。

中唐敦煌石窟共遗存7铺报恩经变,莫高窟231窟甚至出现了两铺报恩经变,内容

1-8-1 莫高窟231窟东壁
造窟的目的可从东壁壁画的布局中看出。窟主于门北绘维摩诘变,应是隐喻窟主阴处士是居士,门南的报恩经变,表达报恩思想;门顶绘阴处士亡父母像,是功德对象,报父母恩的思想表现得很清楚。中唐 莫高窟231窟

| 报恩父母经典故事 |

1-8-2 莫高窟231窟 佛龛 ◀
龛内塑像后的屏风亦绘有《恶友品》，同属《报恩经》内容。
中唐 莫高窟231窟

1-8-3 报恩经变 ◀
此窟共有两铺报恩经变，这铺位于门南。中间画说法图，两边条幅的经品画于下部相连，左面画《论议品》中鹿女夫人故事，右面绘《孝养品》的须阇提太子故事。下部四扇屏风，其中三扇画《恶友品》，一扇画天王像，但漫漶不清。
中唐 莫高窟231窟 东壁门南

也大大丰富，新增了《论议品》和《亲近品》。由于经变数量和经品内容增加，促使这一时期报恩经变的构图布局形式多样化，也推动艺术家去努力寻求一种更为合理的构图形式。

中唐报恩经变主要有四种构图形式。第一种是将经品画分绘于经变的四角，这一形式以后逐渐成为报恩经变的主要布局。第二种是龛内屏风式。从隋唐洞窟开始，

第一章 报恩经变

1-8-4 左侧的听法力士 ▶
这是说法图中护法力士,头扎发巾,梳高髻,穿犊鼻裤,披巾绕身。怒目裂嘴,大声呼吼。
中唐 莫高窟112窟 北壁

主室正壁龛内的塑绘内容就是一个洞窟的主题,龛内屏风式的经变画数目也最多。报恩经变出现这种构图形式说明此时对报恩经变十分重视。第三种是盛唐31窟已采用的条幅式,但此时的条幅各有一长条框,显得很拘谨。还有一种是条幅加屏风式,即在说法图的两侧和下部屏风内绘经品画。

1-8-5 右侧的护法力士
手持金刚法杵。咬牙切齿，怒目而视。全身的肌肉块块隆起，显示出降伏一切的无穷力量。
中唐　莫高窟112窟　北壁

莫高窟200、236、258窟的报恩经变，画面大多漫漶不清。莫高窟112窟的构图较为新颖。一个经品画仅有一两个画面，十分简练。说法图下部绘《序品》婆罗门乞食、《孝养品》和《亲近品》。另外，《亲近品》中除绘坚誓狮子本生外，还有小婆罗门子感化五百强盗的故事，在敦煌的报恩经变中仅此一例，可惜严重剥落。

莫高窟231窟是这一时期的代表洞窟，也是吐蕃统治时期有明确纪年的两窟之一。据此窟《大蕃故敦煌郡莫高窟阴处士公修功德记》记载，此窟为阴嘉政于唐文宗开成四年（公元839年）所建。除门南画整铺报恩经变外，龛内屏风也绘《报恩经》的《恶友品》，说明该窟窟主对报恩经变的重视。

另外，这一时期还有两幅绢画，现藏于英国大英博物馆，也是条幅式。一幅是

中唐报恩经变形式及分布表

形式	洞窟	窟内位置
四角式	莫112	北壁东起第二铺
条幅式	莫154 莫258	北壁东起第一铺 南壁东起第二铺
条幅加屏风式	莫200 莫231	南壁东起第一铺 东壁门南侧
龛内屏风式	莫231 莫236 莫238	龛内西壁 龛内西、南、北壁 龛内西、南壁

第一章 报恩经变

两边条幅绘《孝养品》，另一幅两边分绘《孝养品》、《论议品》和《恶友品》，与莫高窟154窟的构图相似。

1-8-6 报恩经变
说法图两边是条幅，右条幅绘《恶友品》善友太子入海求宝故事。左条幅下段续绘《恶友品》，情节与右条幅相接。左条幅上段绘《论议品》鹿女夫人故事。
中唐 莫高窟154窟 北壁

1-8-7 说法图
这是平台上的说法图。卢舍那佛居中，左右分绘一菩萨一弟子，两旁又各三身菩萨，两侧桥梁上各有一舞伎。前有水榭雕栏，下有七宝池，八功德水，水池中有鸳鸯、莲花。
中唐 莫高窟154窟 北壁

9 · 晚唐报恩经变

唐大中二年（公元848年），张议潮率众起义，驱逐占领敦煌的吐蕃，在敦煌建立了以汉人为主的政权。大中五年（公元851年），唐廷在沙州设归义军节度，任命张议潮为节度使、十一州观察使，从此敦煌进入归义军长达188年的统治时期，历晚唐、五代、宋三朝。

晚唐敦煌报恩经变急剧增加，达26铺之多。这不仅符合当时封建王朝推行三教合流的意旨，以及报父母恩德、孝亲事亲的儒家忠孝思想，也反映了敦煌民众上报"君亲之恩"和对中原王朝的诚心归顺，报效朝廷之情。

晚唐张氏归义军时期的报恩经变现存11铺。基本继承了前期的构图形式，尤其是屏风式布局普遍应用。但由于屏风画大都位于下部，残损严重，保存较好的是莫高窟12窟。屏风画这种对中国起居用具形式的模仿，是佛教进一步中国化和世俗化的重要表现。

1-9-1 报恩经变

整铺经变完整，只是上部被烟熏。上左是鹿女夫人故事，上右是须阇提太子本生，下部是善友太子故事。这种上下式布局，在晚唐这一题材中独树一帜。

晚唐　莫高窟156窟　北壁

| 第一章　报恩经变 |

莫高窟156窟是张议潮为了歌颂自己，于咸通六年（公元865年）前后建造的大型功德窟。报恩经变绘于北壁西侧。此窟前室还有报父母恩重经变，是张议潮之侄张淮深任沙州刺史时所绘。说明这类宣传孝道思想的题材，受历代张氏政权极力推崇。上行下效，这是当时报恩经变盛行的又一原因。

莫高窟85窟是都僧统★法荣（俗姓翟）的功德窟，建于公元862～867年，为覆斗顶形的大窟，经变画非常丰富。其中南壁东侧的报恩经变，保存得相当好，榜题大多清楚。经品画分布在经变的四角。这种构图在中唐已经出现，此窟承袭这一构图形式，但作了颇具匠心的探索和创

1-9-2　报恩经变

构图以《序品》说法会为中心，其上有榜题"报恩经变"，下部正中画婆罗门子孝养等故事。经品画分布在四角，成为以后同类题材经品画的布局。左上角画《亲近品》金毛狮子坚誓故事，右上角画《论议品》鹿女夫人故事。左下侧画《恶友品》善友太子入海故事，右下侧画《孝养品》须阇提太子故事。

晚唐　莫高窟85窟　南壁

张氏归义军时期报恩经变形式及分布表

形式	洞窟	时代	窟内位置
上下式	莫85	晚唐	南壁东起
	莫156	晚唐	北壁西起
	莫138	晚唐	北壁
条幅式	莫19	晚唐	北壁
	莫138	晚唐	东壁门北
下部屏风式	莫12	晚唐	东壁门南
	莫20	晚唐	南壁
	莫144	晚唐	北壁
	莫145	晚唐	北壁
	莫141	宋	南壁
	莫141	宋	东壁门南下部
龛内屏风式	莫147	五代	龛内西南及北壁屏风

报恩父母经典故事

1-9-5 金毛狮子坚誓故事
位于经变左上角。自下而上，以坚誓"亲近沙门"、"猎师诱杀"、"国王怒斥猎师"和"众香木火化狮骨"等为主。
晚唐 莫高窟85窟 南壁

新。将故事性很强的4个经品画，根据情节的多少，在构图上作了精心安排，每一经品画的情节作合理布局。由于这铺经变构图和情节布局合理，成为五代、宋报恩经变一直沿用的基本形式。

莫高窟138窟也是这一时期很有特色的洞窟。窟主在该窟东壁门北和北壁西起第二铺绘制了两铺完整的报恩经变，可见窟主对报恩经变极为重视。而且主室四壁经变画的题材、位置与中唐231窟相似，尤其是东壁，门顶画供养人像，门两侧分绘报恩经变和维摩诘经变，报恩经变说法图的左右分绘《论议品》和《孝养品》，内容与布局与231窟均很相似。据考证，该窟可能是张承奉任归义军节度使期间（公元900～905年）为其母阴氏修建的。而231窟是阴嘉政为其父母修建的功德窟，阴嘉政之妹安国寺法律智慧，也见于138窟供养人中。这说明两窟有一定关系。

第一章 报恩经变

1-9-4 报恩经变 ▶

此窟有两幅报恩经变,这是东壁的。说法场面与图上部故事画以山峦作自然融合,两侧虽未截然分割成条幅,但大体以竖幅形式画故事画,上部七朵瑞云上各有一佛二菩萨乘瑞云赴会,与山水画连成一体。

晚唐 莫高窟138窟 东壁门北

1-9-5 下部屏风式报恩经变 ▶

上部说法图,下部屏风画《恶友品》。

晚唐 莫高窟12窟 东壁门南

知识库

★ 都僧统

最高僧官名,始设于北魏。由地方官吏推荐,朝廷任命。总的任务是统管辖区内的僧尼寺众,包括对佛教界的整顿、诫励,僧尼籍的管理,寺院职务的任免,寺院财产和财物收支报告的审查监督,僧尼间纠纷和违反戒律的处理,以及受戒、高级僧官的营葬等。都僧统下有副僧统、都僧录、都僧政、僧录、僧政、都法律、法律、都判官、判官等僧官。

10·五代、宋报恩经变

唐天祐三年（公元906年），归义军节度使张承奉废除归义军称号，在瓜、沙二州建立西汉金山国。五代后梁乾化四年（公元914年），沙州的另一大族曹议金取代了张承奉，并恢复归义军称号，自此敦煌开始了曹氏归义军的统治，时历五代、宋初。

五代、宋初敦煌地区的佛教进一步世俗化、庶民化，一派繁荣景象。大批疑伪经和大众通俗佛教文化写本流行，报恩经变、父母恩重经变、目连变相等大批具有浓厚孝道思想的经变涌现出来。这一时期莫高窟修了许多大窟，这些大窟中几乎都绘有报恩经变。

这时营建了多个大窟。这些大窟都不是一两年完成的，开窟造像已由世家豪族有组织地进行。当时官府效中原朝廷设立画院★，民间出现了画行，开窟造像大多是由画院和画行来完成。

归义军虽然有极强的独立性，但毕竟是五代、宋王朝的一个藩镇，曹氏政权取代张氏政权后，只有获得中原王朝的承认，才能得到人们的拥护。再者，曹氏瓜沙政权一直处于回鹘的包围之中，强调忠孝思想、民族意识、宗亲血缘关系，可以加强民族团结，作为瓜沙地区争取民族自存的思想纽带。在这样的历史背景下，曹式归义军政

1-10-1　报恩经变 ◀
经变上部剥落，说法图和下部经品画保存完好。说法图中一佛二菩萨坐殿中说法，两边是六弟子和众菩萨听法，前有亭台水榭和伎乐歌舞，舞姿优美，乐伎伴奏的动态和谐。
五代　莫高窟5窟　南壁

| 第一章 报恩经变 |

权注重宣传孝亲事君的忠孝思想，在莫高窟与安西榆林窟绘制了大量报恩经变。共计有报恩经变15铺，其中五代12铺，大部分为四角式构图；宋代3铺，呈条幅或屏风式布局。

1-10-2 报恩经变
五代的基本构图形式有变化，说法场面增大，上部两角的经品画几乎成了点缀，楼阁之间的《亲近品》几乎难以辨识。
五代　莫高窟146窟　南壁

曹氏归义军时期报恩经变形式及分布表

形式	洞窟	时代	窟内位置
条幅式	莫55	宋	南壁东起第三铺
下部横幅式	莫390	五代	前室西壁门南
	莫449	宋	东壁门南
四角式	莫98	五代	南壁东起第一铺
	莫100	五代	南壁东起第三铺
	莫108	五代	南壁东起第一铺
	莫5	五代	南壁东起第一铺
	莫61	五代	南壁东起第一铺
	莫4	五代	南壁东起第三铺
	莫22	五代	南壁东起第一铺
	莫146	五代	南壁东起第一铺
	榆16	五代	南壁东起第一铺
	榆19	五代	北壁东侧
	榆31	五代	北壁西侧
	莫454	宋	南壁东起第三铺
画面残损不可辨者	榆19	五代	北壁东侧
	榆31	五代	北壁西侧

莫高窟98窟是曹议金的功德窟，也可以说是庆功窟。南壁东起第一铺绘报恩经变，总面积达220平方米，规模宏伟，艺术水平虽不及唐代，但仍有唐风。和张氏时期莫高窟85窟一样，都是五代时期的佳作，对以后曹氏时期的洞窟产生了巨大影响。如曹元德营建的莫高窟100窟、张淮庆营建的莫高窟108窟、曹元忠营建的莫高窟61窟、杜彦弘营建的莫高窟5窟、曹元忠营建的莫高窟55窟（两侧加条幅），曹元深建、后经曹延恭重修的莫高窟454窟，以及窟主不明的莫高窟4、146窟和榆林窟16、19和31窟等，都是这一格式，或只是稍有变化。

大量雷同的报恩经变的出现，除因受到莫高窟98窟的影响外，另一个重要原因是当时官府控制画院，画院主持建窟，导致构图、情节和人物形象的公式化日趋明显。

1-10-3　经变下部的三品 ▼
正中的庭院是《恶友品》、《孝养品》两经品画的分界线。在庭院下面正中是《序品》的婆罗门行乞。
五代　莫高窟146窟　南壁东起第一铺

第一章　报恩经变

1-10-4　报恩经变
此经变内容完整，颜色新鲜，榜题清晰。中央说法场面，佛身后是两层殿堂。
五代　莫高窟61窟　南壁

　　曹氏归义军时期报恩经变的公式化，再加榜题的增多，使画面显得支离，图解性质日益增强，艺术感染力因而削弱，但也有一些可喜的创新。莫高窟61、108窟等可谓上乘之作。

　　建于曹元德时期（公元936～940年）的108窟，即"张都衙窟"，窟主张淮庆是曹议金的妹夫。该窟经变画的线描艺术出神入化。首先以淡墨描画稿，施彩后再描深浓墨线。尤其是构图时的墨线豪放，富于变化。线描造型颇有魄力，在人物的塑造上，笔力挺劲，神采飞扬。描绘不同的对象，在用笔上，轻重疾徐、抑扬顿挫、起转承合，处理得极为恰当。赋彩也颇具匠心，以土红色涂地色，赋彩浓重淳厚，仍有唐代的余韵。在人物的描绘上，又与

57

1-10-5 鹿女夫人故事 ▲
在全图右上角,省略了母鹿生女、步步生莲等情节。集中描写鹿女夫人生莲花、国王贬夫人、弃巨莲、巨莲开放生五百子、迎夫人回宫、重封鹿女夫人等情节。被贬后的鹿女夫人居住于茅庐中,外有二女侍立,一男仆在河边取水。
五代　莫高窟61窟　南壁

唐代的迭晕和渲染不同,以不同颜色的反差来做对比。如《孝养品》中须阇提割肉、奉肉和辞行就处理得很独特,不是以割肉后瘦小身体的须阇提表现这一情节,而是在大腿上涂了一片鲜红的颜色,给人鲜血淋淋的情景,惨不忍睹,以此来表现须阇提以血肉孝养父母的精神。另外,在一些经品中还增加了一些新的情节,如莫高窟4窟孝养品中的"太子见劳力耕作",

莫高窟61窟的"鸿雁传书"等。

报恩经变随着曹氏政权的灭亡,西夏、元少数民族政权的建立,在敦煌石窟中完全消失了。

第一章 报恩经变

知识库

★ 画院

指中国古代宫廷中掌管绘画的官署,承担为皇家绘制各种图画、鉴定整理皇家藏画及培养绘画生徒的工作。宫廷画院始于五代,盛于两宋。五代后蜀明德二年(公元935年),蜀主孟昶创立翰林图画院,这是中国历史上最早出现的画院。宋徽宗赵佶为画院定立了一套完整的制度,画院画家的地位也较前提高,徽宗时的画院遂成为后代画院的典范。元代未设画院,明代御用画家归工部将作司管辖。清代乾隆年间设如意馆和画院处,分别管理御用画家,后归并为如意馆画院,院画家被称为画画人。慈禧专权时,对宫中画家恩宠有加,改称画画人为画士。

1-10-7 树下对坐
善友和利师跋陀国公主二人于绿草如茵、树影婆娑的环境下倾心交谈,抚琴而歌。
五代 莫高窟61窟 南壁

1-10-8 鸿雁传书
左面画二人在幽静的环境中对坐交谈,右面绘善友获得了父母托大雁从波罗奈国带来的书信。小溪流水潺潺,勾起了思乡之情,这画面经文没有,为画师所加。
五代 莫高窟61窟 南壁

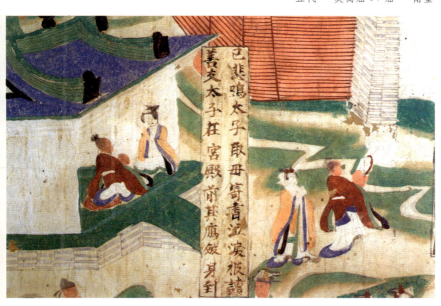

第二章 父母恩重经变

1·《父母恩重经》为何流行？

《父母恩重经》是专讲孝道的经典。据考证，《父母恩重经》是中国僧人杜撰的，它是佛教在中国流传过程中，与儒家思想逐渐合流的产物，经中充满了儒家孝道思想。

此经始见于武周时期明诠《大周刊定众经录》，唐智昇将此经列入《疑惑再译录》，认为此经引述了中国的丁兰、董黯、郭巨等孝子事迹，是伪经。敦煌遗书中共检出此经写本40余件，载有孝子故事的有9件，其余都删除孝子故事，以掩饰其作伪痕迹。

现知出于敦煌的《父母恩重经》写本有三种版本。一是经文中有孝子的事迹，这是此经最初的写本，称为"全本"。二是删除了孝子事迹的写本，称为"删本"。还有一种版本，称为"别本"，仅发现一件，内容与前两种版本不同，字数也超出1／3以上，尤其是此经将父母的养育恩德，概括为十恩德，并列有十恩德的题目和不孝之子所入十八地狱的名称。从几件有纪年题记的写本来看，属唐、五代、宋写本，最早的纪年题记在吐蕃统治敦煌时期（公元781～847年）。删本在敦煌出现的年代约在唐后期，至五代、宋，流行了一百多年，与归义军统治相始终。删本和别本的年代一般晚于全本。

另外，在敦煌遗书中有根据别本经文进行俗讲的讲经文和佛曲★。已知《父母恩重经讲经文》2件，原标题已佚。题为赞颂父母十种恩德的佛曲，有十余种不同的写本，如《父母恩重赞》、《十恩德赞》、《十种缘》、《孝顺乐》等。

《父母恩重经》虽然被历代经目大师斥为伪经而未能入藏，但因其宣扬孝道观念，符合儒家伦理道德观念，教化的主要对象是下层民众，受到中国世俗佛教信徒

报恩父母经典故事

的欢迎,在民间一直流传。敦煌发现此经的众多写本,不仅由经文衍生出经变、讲经文、佛曲等更加世俗化的佛教艺术、文学作品,经文还翻译为多种少数民族文字,而且远传到日本、高丽。由此可见,宣扬孝道观念的《父母恩重经》深入民心。这反映出儒佛合流,以及佛教进一步中国化、庶民化的趋势。

2-1-1 父母恩重经变
经变由三部分组成。上部书耆阇崛山。中部是释迦说法会场面,下部画父母恩德情节,有开怀哺乳、小儿卧栏车、远行忆念、老年孤独、无有礼仪、礼敬三宝等。
晚唐　莫高窟156窟　前室窟顶北侧

第二章 父母恩重经变

2-1-2 诵经、栏车 ▲
《父母恩重经》中有"父母养育,卧则栏车"之语,图右即表现为母亲推小儿车。
晚唐 莫高窟156窟 前室窟顶北侧

2-1-3 别离父母 ▼
绘《父母恩重经》中"娇子不孝,必有五谪"的内容。图中男子离父母而去。
晚唐 莫高窟156窟 前室窟顶北侧

知识库

★ 佛曲

佛教乐曲。佛经配上乐谱进行讽咏。据毛奇龄所著《西河诗话》载:"佛曲在隋唐有之,不始金元,如唐乐府有普光佛曲、日光明佛曲等八曲,入婆陀调;释迦文佛曲、妙华佛曲等九曲,入乞食调;大妙至极曲、解曲,入越调;摩尼佛曲,入双调;苏蜜七俱佛曲、日腾光佛曲,入商调;邪勒佛曲,入徵调;婆罗树佛曲等四曲,入羽调;迁星佛曲,入般涉调;提梵入移风调。今吴门佛寺,犹能作梵乐,每唱佛曲,以笙笛逐之,名清乐,即其遗意。"敦煌杂曲中尚存有部分佛曲作品。

2·敦煌父母恩重经变

敦煌的父母恩重经变，中唐开始出现，延续至宋代，现存4铺，都有不同程度的残损或褪色，再加上榜题不存，一些画面内容已难以辨识。另有2件绢画，保存较好。经变中都没有全本经文所述孝子事迹和别本所述地狱的画面，因此可断定是依据删本经文绘制的。

在吐蕃占领敦煌时期和归义军时期出现父母恩重经变，与报恩经变出现的社会背景和意义相同。莫高窟156窟将父母恩重经变和报恩经变绘于一窟；莫高窟238、449窟甚至在同壁左右对称而绘。因为它们都以孝养父母、报恩思想为主题。尤其是在四面六蕃相困的归义军时期，通过宣传忠孝思想，劝诱人们遵守儒家的道德规范，更具有重大意义。

这些经变画主要是依据删本《父母恩重经》绘制的，个别画面也可能依据了其它版本的经文，或是画工结合依据该经的文学作品而创作的。画面主要有两部分，一是经文的序言，表示在耆阇崛山说法会场面，二是表现父母恩德的画面。

说法场面与这一时期的经变画一样，上部绘耆阇崛山，下面以佛为中心，两侧是对称听法的弟子、菩萨、天王、天龙八部和世俗弟子。

表现父母恩德的画面分为三部分。一是引子，即经文"人生在世，父母为亲，非父不生，非母不养"。画面多绘父母在屋舍中对坐。二是表现父母的养育之恩，表现父母茹苦含辛，养育子女的恩德。包

2-2-1 父母恩重经变 ◀
位于门北的父母恩重经变，上部是说法场面，下部绘父母恩德。同壁门南绘报恩经变。将这两铺经变在门两侧相对而绘，说明佛教与中国传统的儒家思想不断融合，宣扬孝道的作品越来越受到世俗信众欢迎。
宋　莫高窟449窟　东壁门北

第二章 父母恩重经变

2-2-2 听讲的僧侣信众
上半部榜题两侧分绘二组僧俗信众，前有四个供养人。手持供品或双手合十。左右下角是其它内容。
宋　莫高窟449窟　东壁门北

括：哺育（"开怀出乳，以乳与之"）；推摇婴儿车（"父母养育，卧则栏车"）；父母膝下，儿喜笑跳跃（"曳腹随行，呜呼向母"）；"孝子不娇，必有慈顺"，画面为儿伏地跪拜父母；"娇子不孝，必有五谪"，子离父母而去；父母年老弓背而行；父母一人逝世，另一人独坐房室；儿子成家立室，"得他子女，父母转疏，私房屋室，共相语乐"，绘年青的夫妇并坐，喁喁细语，并有音乐相伴等。三是经文的最后部分，"若有一切众生，能为父母作福，造经，烧香请佛，礼拜供养三宝，或饮食众僧，知是人能报父母其恩。"画面中有写经、诵经、礼佛或供养僧人等。内容主要是褒扬孝子，鞭挞娇子不孝；而供养三宝、崇信佛法者，才能报父母之恩。

敦煌父母恩重经变在有限的画幅内，画出多个情节，因此显得有些呆滞、雷同。但关于父母恩德的描绘不拘泥于经文的内容，比较富于变化，且用连环画的形式，将每一幅画面以山水相隔，以渲染气氛，增强了艺术效果。另外，画工虽然都是根据同一经文，但在构图和情节布局上，大都有变化，就是同一情节的画面，也都运用不同的表现手法，有所创新。如对"父母养育，卧则栏车"的画面，有的是母亲手推轮车，有的是母亲摇动着上有浅栏、下面是四腿交叉的摇车。其中一些生活画面，反映了当时社会的风俗、生活和劳动情景，是研究这一时期民俗文化的重要资料。

报恩父母经典故事

2-2-3 父母恩德 ▲
父母诸种恩德绘于经变下部右侧。由上部右边开始，三人坐方毯上，是表现"父母之恩，昊天罔极"。其左画一男一女对坐，一人奏乐，几个小孩欢跳，是"得他子女，共相语乐"。下部左起绘"造作恶业恩"、"远行忆念恩"、"究竟怜悯恩"等，均属"十恩德"内容。有些画面漫漶严重，情节难辨。
宋　莫高窟449窟　　东壁门北

2-2-4 诵经礼佛 ◀
共有四个画面。左上角一人为父母阅读经卷，左下角一人坐于树下低榻的矮几后，双手持纸卷，为父母书写《父母恩重经》。右上宣讲经文，下有一佛塔，内有佛像，一人跪地顶礼供养。
宋　莫高窟449窟　　东壁门北

3·大足宝顶山父母恩重经变

四川大足宝顶山大佛湾15号龛和小佛湾13号龛内，也雕刻父母恩重经变，大佛湾的保存比较完好，小佛湾的风化严重。均雕凿于南宋时期，内容相同、画面相似，但与敦煌父母恩重经变不同，所据应是别本。

大佛湾15号龛高690厘米，宽1450厘米。全龛造像可分为上中下三层。上层雕刻七佛像，中层雕刻父母恩重经变，下层右壁雕刻阿鼻地狱★，左壁无造像。

父母恩重经变用11组雕刻表现父母恩德。中间一组为诚心投佛、祈求嗣息造像：一对夫妇在佛像前相对而立，男捧香炉，女在炉内上香。左右各并列五组，雕刻怀胎守护、临产受苦、生子忘忧、咽苦吐甘、推干就湿、哺乳养育、洗涤不尽、为造恶业、远行怀念、究竟怜悯十组造像。从怀孕生育的阵痛苦楚到成人远行的牵肠挂肚，形象生动地表现了父母含辛茹苦养育子女的历程。其中，哺乳养育图中，母亲敞开胸怀，裸露双乳，儿子一手托左乳，一口吸右乳，母子二人一静一动，构成一幅生动的哺乳图。这在庄严的

2-3-1 父母恩经变
说法会左右两侧条幅绘父母恩德画面。两条幅下部画报父母恩德、礼敬三宝、作福造经、烧香请佛。
晚唐　莫高窟170窟　北壁

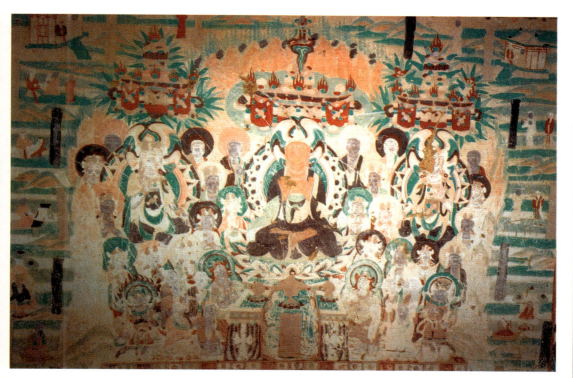

| 报恩父母经典故事 |

2-3-2　大足宝顶山石刻地狱人物　▲

佛教殿堂中是绝无仅有的。

阿鼻地狱图描绘了不孝子死后入地狱受罪的画面，揭示忤逆不孝者，"生遭王法，死下阿鼻"的报应下场。与父母恩重经变浑然一体，讽一劝百，扬善惩恶，是佛教造像中国化、生活化、世俗化的典型作品。

大佛湾父母恩重经变还残存部分雕刻经文，11组父母恩德的画画也刻有榜题，可知东西两侧是十恩德图。所刻十恩德与别本《父母恩重经》完全相同。敦煌地区既有别本《父母恩重经》写本、讲经文和佛曲，而未发现有关的变相，说明敦煌和大足两地盛行的经文版本不同。

据载，宝顶山的修造者赵智凤事母至孝，并以孝为成佛之本。"刻石追孝"正是赵智凤建宝顶山石刻的初衷。

知识库

★ **阿鼻地狱**

梵文Avicinaraka的音译，意译为"无间地狱"。据《俱舍论》卷八、卷十一等的记载，有等活地狱、黑绳地狱、众合地狱、号叫地狱、大叫地狱、炎热地狱、大热地狱、阿鼻地狱八大地狱。阿鼻地狱是永受痛苦、无有间断的地狱，位于四大部洲之一的南赡部洲之下二万由旬（古印度计算距离的单位，以帝王一日行军的路程为一由旬），深广亦二万由旬，堕入者受苦无间。

第二章 父母恩重经变

2-3-3 大足宝顶山摩崖造像—方便品之养鸡婆

第三章 目连变相

第三章 目连变相

1 · 目连救母故事

目连救母故事见于《佛说盂兰盆经》、《经律异相》、《杂譬喻经》、《佛说目连所问经》及《目连变文》等。

目连全称"摩诃目犍连",即"大目犍连"。据《佛本行集经·舍利目连因缘品》等佛经记载,目连是古印度摩揭陀国王舍城人,名为罗卜,属婆罗门种姓。他的父亲是一位乐善好施之人,但母亲青提夫人却不信佛,不但饮酒吃荤,还打骂僧人、道人,甚至焚毁佛经。目连皈依释迦牟尼后,成为佛陀十大弟子之一。传说他神通广大,神足轻举即能飞遍十方,故称"神通第一"。

《盂兰盆经》中说,目连证得阿罗汉果,获得六神通后,"欲度父母,报哺育之恩"。于是他以道眼观视世间,借佛力到达天宫,仅见其父,后遍寻地狱,看见了死后堕入饿鬼道,如处倒悬,而不能救拔的母亲。目连非常难过,就盛了满满一钵饭,送到地狱给母亲吃。不料饭还未入口,就化成了火炭。目连见到这种情形,悲痛至极,因此来到佛前,求佛救度。

佛告诉目连说,他的母亲之所以堕入恶鬼道,是因为生前辱骂前去乞食的僧人,不相信因果正法,贪嗔邪恶,愚弄众生。目连母亲所犯的是重罪,仅依靠目连一个人的力量是不能救度的,只有依仗十方僧众的力量,才能使他的母亲脱离苦海。

佛让目连于僧众安居的七月十五日,备百味饮食,供养十方僧众。通过供养僧众的功德,即可使目连的母亲得到解脱。佛陀还说,世间其他孝顺者以此法,也可使现世父母增福延寿,一生无病无恼,就连

◀ 3-1-1 目犍连像
图中目犍连圆顶光头,手持如意,正在严肃地谈论佛法。榜题"圣者大目乾连神通第一"。
五代 榆林窟12窟 主室东壁北侧

过去七世父母也可藉此功德，脱离地狱、饿鬼、畜生三途之苦，转生人天中，享无尽福乐。佛还告诫众弟子要奉行孝道，不忘父母生养之恩。

目连遵从佛陀的教诲，在七月十五日设盂兰盆会，布施佛和僧众，最终救母出地狱，再出饿鬼道，又出畜生道，并解脱了一切饿鬼。

3-1-2 目连寻父 ▶

目连出家后，以道眼寻母，生死六道均不见，故到天宫寻父询问，知母亲已堕阿鼻地狱。画面中有一城，树木掩映，小桥流水，即天宫。城内殿堂前目连对父作揖。

五代　榆林窟19窟　甬道北壁

第三章 目连变相

2 · 目连变文

目连故事最早出于《佛说盂兰盆经》。该经不足一千字,西晋高僧竺法护所译,是一部宣传孝道思想的佛经文。"盂兰"为梵文的音译,意译为"救倒悬";"盆"是汉语,指盛食供僧的器皿;"盂兰盆"意即解先亡倒悬之苦。

《佛说盂兰盆经》译出后,受到提倡孝道的中国人欢迎,广泛流行。尤其在南北朝时期,受到提倡三教合一的梁武帝的重视。他于大同四年(公元538年)创设盂兰盆会的仪式,由此民间也效仿遵行。从此,历代皇帝和民间都要在农历七月十五日举行盂兰盆会仪式,以报祖德,盂兰盆会逐渐演变成为"孝亲节"。目连故事也因为盂兰盆会而妇孺皆知。唐代的盂兰盆会更为盛行,并有音乐仪仗,甚为壮观。宋代开始,盂兰盆会逐渐失去本意,由孝亲变成了祭鬼。

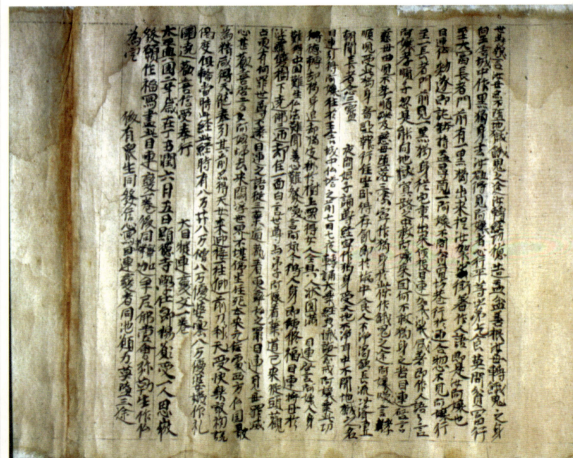

第三章　目连变相

由于《佛说盂兰盆经》的流行，在该经的基础上产生了讲述目连救母故事的变文★。比较变文与《佛说盂兰盆经》可知，变文是依据经文演绎的，不仅字数增加，故事情节也有差异。变文有许多内容，为经文所不载。从《大目乾连冥间救母变文》看，不仅揉合了其它目连经文中的内容，还增加了《十王经》中的地狱描述。经文叙述目连地狱寻母仅有几句，变文则作渲染和铺陈，历述目连经过地狱诸景，有奈河、铁轮、刀山、剑树地狱、铜树铁床地狱、阿鼻地狱等。

同是记叙目连救母的变文，《目连缘起》、《大目乾连冥间救母变文并图一卷并序》、《目连变文》所说故事主要内容、情节都基本相同，但在一些细节和情节的侧重点上，却有差异。如《目连缘起》详于孝道宣传，而略于天宫访父和冥间寻母，在最后更特别有一段宣扬孝道的文字；《大目乾连冥间救母变文并图一卷并序》注重渲染冥间寻母，尤其是对冥间世界的悲惨景象作了大量的铺陈。从这些变文可看出，目连故事由经文发展为变文后，故事内容已经完整，情节也越来越充实、生动。

知识库

★变文

唐代以来流行的俗文学说唱故事类作品体裁之一。佛教用来讲述佛经故事，宣传教义。表演时往往与展示图画（变相）相配合。大致有散文韵文相间和全部散文两种形式，第一种形式较为常见，对后来的鼓词、弹词等有显著影响。

3-2-1　《大目犍连变文》
北宋
现藏中国国家图书馆
唐代变文。后有题记："太平兴国二年（公元977年）岁在丁丑润六月五日显德寺学仕郎杨愿受一人思微（惟）发愿作福写尽此目连变一卷后同释迦牟尼佛壹尝会弥勒生作佛为定后有众生同发信心写尽目连变者同池（此）愿力莫堕三途"。故事源出《佛说盂兰盆经》，描写目连为救慈母遍访地狱，赴汤蹈火，百折不挠。

3·目连变相

在敦煌遗书中，与目连救母有关的卷子有十余件，从五代后梁贞明七年（公元921年）、北宋太平兴国二年（公元977年）等纪年题记来看，这些写本大约都属五代、宋初。而敦煌石窟只有一铺目连变相，在榆林窟19窟。

榆林窟19窟建于五代，是曹元忠夫妇的功德窟。这铺变相最初被定为地狱变，后考定为目连变相。画面有不同程度的残损，尤其是下部，已不可辨识。从残存的榜题数量来看，应有11个情节，一幅画面一个情节，现根据画面及变文内容推论，仅能识读10幅画面，第11幅榜题漫漶未辨。构图沿用早期常用的按情节发展顺序的手法。

目连变相的情节与《大目乾连冥间救母变文并图一卷并序》相近，画面突出了寻母情节。现存10个画面中，就有6个是

3-3-1　榆林窟19窟目连变相　▼
①父母双亡②目连守孝③天宫寻父④下阴曹地府⑤过阎罗王殿⑥过奈何桥⑦往五道将军所路途中⑧至五道将军所⑨遍历诸地狱⑩地狱化为天堂⑪漫漶未辨

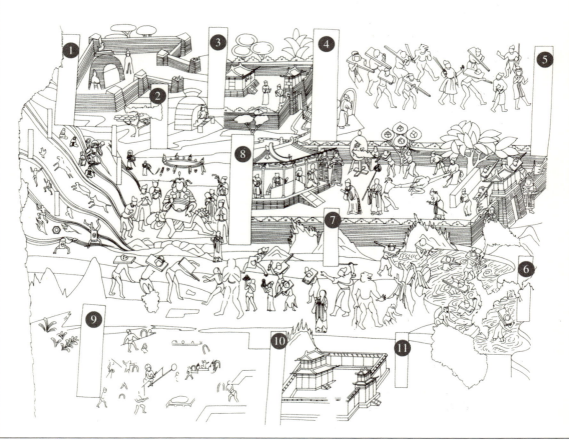

第三章 目连变相

3-3-2 目连守孝
墓园进门一侧，草庐内，目连坐于几后，作书写状。这是表现为父母守孝追斋的情节。
五代　榆林窟19窟　甬道北壁

寻母情节，并把其中4个画面摆在正中的显著位置，而缘起、救母情节都分列于不显眼的上下角。这种构图和情节布局，主要表现的就是冥间地狱的苦难。但该铺目连变相并不是依据《大目乾连冥间救母变文并图一卷并序》绘制的。从该变文的标题"大目乾连冥间救母变文并图一卷并序"可知，在讲唱变文时，有图卷配合。又由卷子中向观众提示画面的套语来看，该卷的配图情节应不少于16幅，卷轴式卷子的配图一般采用按时序的联缀手法。因此，榆林窟19窟目连变相的文本应另有别本。

目连变相中一些表现地狱的画面，应是受这一时期在敦煌流行的十王图卷的影响。现知敦煌遗书中据《佛说十王经》绘的十王图卷有20多件，其中有4本彩绘插图。目连变相的地狱画面与十王图所描绘的一些地狱情节，如阎罗王殿、奈河、五道或六道轮回等都有很多相似之处。

3-3-3 冥界地狱
此图表现目连父母生前行业不同，父生天上，母下地狱的情景。四个狱鬼手持刀枪，驱赶一群带枷的亡人。左面目连之父隔门窥视，前面目连的母亲回头相看。
五代　榆林窟19窟　甬道北壁

3-4-1 郭巨埋儿画像砖
南朝
高19厘米　宽38厘米　厚6厘米
1958年河南邓县墓葬出土
现藏河南博物院
郭巨埋儿是儒家宣扬的"二十四孝"故事之一。故事说郭巨家贫但非常孝顺母亲。见母亲因疼爱孙儿而将仅有食物给孙子吃，而决定埋儿。当他掘地三尺后挖出了黄金一釜，因此摆脱了贫困。

4 · 目连故事如何世俗化？

从经文发展为变文再发展为变相★，目连故事的内容越来越世俗化，特别是加入了不少中国固有的传统思想和文化内容。经文是为了宣扬斋僧、礼佛，但变文的主线则是孝道思想，表现了目连为报父母恩德，不惧地狱的恐怖，最终救出自己母亲这种舍生忘死的精神。特别是加入了董永、王祥、郭巨、孟宗等孝子典故，表明作者是用传统的儒家伦理解读佛教故事的。故事中既描绘了地狱的种种恐怖，又表现了伟大的母子之爱，使传统的孝道战胜了轮回报应。这样就完全符合中国人的传统道德观念，得到深受儒家传统孝道思想熏陶的中国民众的喜爱，广为流传。

虽然目连变相是依据变文而来，但变相是形象艺术，是文学的艺术再现。尤其是在描绘地狱的情景时，艺术家充分利用绘画手法，尽情描绘阎王殿里的森严可怖、奈河水边的凄厉无奈、五道将军所的轮回报应、地狱间的酷烈惨毒。对一般民众来说，这种直观的画面比文学作品，印象更深，影响更大。

目连故事融合佛教轮回思想和儒家孝道思想，很能表明把宗教融合到传统伦理中的功能。尤其是目连故事复杂的结构、情节以及基于佛教观念的离奇构思，对中国戏曲和民间文学产生了深远影响。目连故事一直是中国传统戏曲的重要题材，在北宋时就已出现目连戏。据《东京梦华录》卷八记载："构肆乐人，自过七夕，便搬《目连救母》杂剧，直至十五日上。"到明代有郑之珍编的《目连救母行孝戏

文》,直至近代这一剧目仍盛行不衰。目连故事也是中国民间文学中劝善戒恶的重要题材之一,变文系统的《目连三世宝卷》,一直在民间广为流传。

3-4-2 阎罗王殿 ▶
城门口有武士守卫。一狱卒押解带枷人入城。城中业镜高悬,鬼卒正在锯解施刑。左侧殿内正中坐阎罗王,旁边是地藏菩萨,身旁侍立善恶童子。殿前持笏板者是业官,其后是身穿袈裟,手中持钵和锡杖的目连。
五代　榆林窟19窟　甬道北壁

知识库

★ 变相

简称"变",唐代以来流行的绘画艺术形式之一,佛教用来描绘佛经故事,宣传教义。其中依据佛经绘制的图画称为"经变相"或"经变",绘于绢、帛、纸上,或绘于壁上。依所绘的内容有不同的名称,例如依据《无量寿经》绘制的变相称"无量寿经变",依据《阿弥陀经》绘制的变相称"阿弥陀经变",据佛教所说地狱样绘制的变相称"地狱变相"。

第三章 目连变相

第四章 福田经变

1 · 佛经中所称的福田何解？

佛经中所说的福田是比喻而言，其意为可生福德之田。谓人对于应供养者即供养之，则能获诸福报，如农夫种田亩，有秋收之利。

《福田经》中提到了五净德、广施七法的福田。五净德主要是永割亲爱、发心离俗、志求大乘等。广施七法的福田是："一者兴立佛图、僧房、堂阁；二者果园浴池、树木清凉；三者常施医药，疗救众病；四者作坚牢船，济渡人民；五者安设桥梁，过渡羸弱；六者近道作井，渴乏得饮；七者造作圊厕，施便利处。"

除了五净德和广施七法外，福田还有多种说法。如《中阿含经》分为"二种福人田"，即学人田和无学人田，供养这两种人，可得福报。《报恩经》分为有作福田、无作福田。"有作福田"即有所求而为者，如父母、师长；"无作福田"即无所求而为者，如诸佛、菩萨等。《出优婆塞戒经》分为报恩福田、功德福田、贫穷福田。报恩福田指父母有养育之恩，师长有教诲之恩，供养恭敬可获福报；功德福田称能恭敬供养佛法僧三宝，可成就无量功德，获福报；贫穷福田指见贫穷困苦之人，起慈悯心，以己所有布施，虽不求报，也可自然得福。

福田有多种，说法也不尽相同，但都以佛及弟子为根本。概括而言，一般认为主要有三福田，即恭敬佛、法、僧三宝，称为敬田，或恭敬福田、功德福田；报答有养育之恩的父母及教诲之恩的师长，称为恩田，或报恩福田；怜悯贫者及病者，称为悲田，或怜悯福田、贫穷福田。可见，佛教所说的"福田"含义很广，但其实就是佛教的一种功德思想。中国向来重福田，多行供养和惠施。

含义广泛的福田，在早期印度佛教中

报恩父母经典故事

指布施。"布施",也称"广施"或"普施"活动,被列为大乘佛教基本教义六度之首,是"无上福业",可以"获千倍报"。小乘佛教★布施的目的是为了破除个人的吝啬和贪心,以免除未来世的贫困,达到个人解脱。大乘佛教主张普渡众生,提倡为一切众生而做布施。布施就是他们的慈悲观和道德修养的实践。最重要的是,布施都是做有益于他人的事,是一种不问回报的施与,是佛教徒必须履行的责任,而不能把布施视为期待功德的手段。因为佛教徒以成佛为人生最高的目标,如果施财而求所报,这种布施是无益于修行成佛的,此即所谓"有心为善,虽善不赏"。

第四章 福田经变

4—1—1 筑绘堂阁

兴立堂阁是《福田经》中"广施七法"之一。图中一座即将完工的小佛堂正在装修，庑殿起脊房顶，砖砌台基，门前有阶陛。前后各有着袴褶的画工专注地作画。屋顶上一泥工正接房下另一泥工用长杆递上来的泥料。

北周　　莫高窟296窟　　窟顶北坡东段

4—1—2 近道作井

近道作井是《福田经》中"广施七法"之一。图中有一口水井，两人正用一架桔槔汲水。井前一匹马埋头在水槽里痛饮，另一边两人用水罐饮水。

隋　　莫高窟302窟　　窟顶西坡

知识库

★ 小乘佛教

佛教创始人释迦牟尼逝世后，佛教内部由于对释迦牟尼所说的教义有不同的理解和阐发，先后形成了许多不同的派别。按照教理等方面的不同，以及形成时期的先后，可归纳为小乘和大乘两大基本派别。小乘佛教（Hinayana），为大乘佛教（Mahayana）于公元1世纪左右出现后，对原始佛教和部派佛教的贬称，但现代学者使用大小乘概念时，已无褒贬抑扬之义。二者的主要区别是：小乘佛教奉释迦牟尼为教主，追求个人的自我解脱；大乘佛教则认为三世十方有无数佛同时存在，追求大慈大悲，普渡众生，把成佛救世，建立佛国净土为目标。在义学上，小乘佛教总的倾向是"法有我无"，即只否定人我的实在性，而不否定法我的实在性，而大乘佛教则不仅主张人无我，而且认为法无我，即同时否定法我的实在性。

2·中、印福田思想有何不同？

中国流行的福田思想，与印度佛教的福田思想本质上有一定的区别。印度佛教的因果报应是业报、自报，中国的报应是通过上天鬼神的赏善惩恶来实现。

中国报应观念出现较早。《周易》中已说："积善之家，必有余庆；积不善之家，必有余殃。"但这种报多建立在上天和鬼神身上。人们因恐惧天命和神意而不得不遵守道德规范。相信从善作恶，必有果报，而这种报应及于子孙后代，并非全在己身，也不怎么讲对后世的"我"有什么影响。

印度佛教的因果报应说主张果报都由本人在三世六道轮回转生中承受，自作善恶自受苦乐，个人行为自己承担后果；想在来世得到福报，只有今生修善除恶。因而令人更怕今世的业要在来生去偿。

东晋时，高僧慧远将福田这一佛教的因果报应思想，与中国传统的福罪报应、

4—2—1 疗救众病
有两组画面。上面一病人裸卧床上，二人各执其左右手，医师似在对患者进行治疗。下画羸弱裸体患者由一人扶坐，前面有一人正在调制药剂，病人身后站立一执药少女。这是描绘两个不同的医疗场景，两个患者是内症与外伤。
隋　莫高窟302窟　窟顶西坡

| 第四章　福田经变 |

4-2-2　道旁精舍
一座内垂幛幔的平顶房屋，茵褥上一男子踞坐饮酒，身边有三个正在演奏的女乐，屋外有一侍者持奉酒浆。
隋　莫高窟302窟　窟顶西坡

神明不灭的思想结合，完整地阐发了佛教因果报应理论，将儒家礼教和佛教因果报应融合起来，扩大佛教的影响，也对中国传统思想文化产生了影响。伦理化后的福田思想在宗法观念根深蒂固的中国更深入人心。劝人去恶从善、积累福德的福田思想，与大乘佛教普渡众生，为一切众生布施的教义，互为表里，成为中国佛教的重要特征之一。

总之，从福田思想的流变来看，印度佛教的布施是超越个人眼前利益的慈悲心使然的，最高目标是得道成佛；中国人的福报思想，则是为了给自已积累功德，为死后和下一代铺路，甚至希望往生西方极乐世界。

3·福田思想为什么在中国流行？

南北朝时期，由于北周武帝灭佛和现实生活中僧风浊乱，佛教界末法★思潮盛行。为了挽救日渐衰败的佛教，防止佛法败灭，一方面出现了护法思想，开窟造像，刻写佛经，并出现新的佛教流派，进行革新，振兴佛教。另一方面为了树立佛教和僧人的良好形象，主张佛教信徒从事有益社会的活动，广泛布施，尤其重视敬、悲二福田。净土教和三阶教也接受了广植福田的思想，并且身体力行。

南北朝高僧昙鸾倡导的阿弥陀净土信

4-3-1　疗救众病

疗救众病是植福田的途径之一。图中患重病者由二人扶坐，一人正在给病人喂药，身后有人用药臼捣药。

北周　莫高窟296窟　窟顶北坡东段

第四章 福田经变

4-3-2 伐木建塔
图中建筑工地的情景画得十分详细、生动，是当时民众通过建塔获得福报的生动反映。
隋　莫高窟302窟　窟顶西坡

仰，对福田思想的流行具有重要影响。净土教宣传往生净土世界，永远超脱生死。净土以愿、行为宗，崇拜者既要发愿往生西方净土，念佛名号，还要依愿起行，礼佛观像、积德修福。造五逆十恶者，"应堕恶道"，念佛、修福田者，"便得往生安乐净土"。所积善恶不同，就有不同的果报。净土教将阿弥陀佛看作是报身佛，极乐净土是报土。

隋代信行创立的三阶教用于普施的"无尽藏"也是基于福田思想建立。三阶教认为个人"独行布施，从生至老，其福甚少"，而"各出少财，众集一处，随意布施穷、孤老、恶疾、重病困厄之人，其福甚大"，即将个人的布施融于"无尽藏行"才能获得更大的福德，而"无尽藏行"依赖的就是"无尽藏"。三阶教建立无尽藏院，作为普施中心。布施的对象则兼敬田（三宝）与悲田（贫下众生）。因

此僧人缮修坊寺禅宇，兴立佛图僧房；架桥铺路，便民通行；建大药藏，治病救人；立孤老寺，慈济赈灾；代人佣作，缝补浆洗，破薪运水，清厕担粪等，与《福田经》所讲的广施"七法"大致相同。莫高窟北周与隋初的福田经变正是部分佛教徒致力于社会福利活动的反映。

在上述情势影响下，佛教信徒重功德、大修福田，帝王也提倡并奉行福田思想。梁武帝就建有"无尽藏"，用以布施。北朝末年和隋初，佛教界行善积功德，以祈求福田利益的思想空前普及。《续高僧传·灵裕传》记开皇十一年（公元591年）隋文帝给释灵裕的诏书说："道俗钦仰，思作福田。"为此众多僧人更是

4-3-3 植园施凉
图中一座有树木与围墙的果园，内有一浴池，有二人正在池中洗浴。植园施凉是《福田经》所说"广施七法"之一，简单易行，因而信众广泛采纳，以植福田。
隋　莫高窟302窟　窟顶西坡

身体力行，热心于社会公益事业。有的"缮修成务，或登山临水，或邑落游行，但据形胜之所，皆厝心寺宇，或补葺残废，为释门之所宅也"；有的"建大药藏，须者便给，拯济弥隆"；有的"所至封邑，见有坊寺禅宇，灵塔神仪，无问金木土石，并即率化成造，其数非一"，"或为僧苦役，破薪运水；或王路艰阻，躬事填治"，或"立孤老寺于城治，等心赈赡"。

寺院经济的发展也促进了福田思想流行。南北朝时期，佛教广泛传播，寺院、僧尼数量激增，形成比较完备的僧官制度和以经营土地为主的寺院经济。寺院的财政力增大之后，僧尼除了私蓄财产外，也积极从事社会公益活动。当时，社会上已设有"悲田院"、"养病院"等事业机构，由寺院经营的救济事业也不少，僧传中也记述许多僧尼个人经营的社会事业。

知识库

★ 末法

佛教认为释迦牟尼逝世后，佛法日益衰微，分为正、像、末三法时期。有多种说法，通行唐代《大乘法苑义林章》卷六的说法："佛灭度后，法有三时，谓正、像、末。具教、行、证、三，名为正法；但有教行，名为像法；有教无馀，名为末法。"关于时限也有多种说法，一般认为正法五百年，像法一千年，末法一万年。

4 ·《福田经》如何宣扬福田思想？

佛教中专讲福田的经文主要有两个：一是西晋法立、法炬合译《佛说诸德福田经》，一是东晋瞿昙僧伽译《中阿含经》卷三十《大品福田经》。其中，《佛说诸德福田经》简称《福田经》，是宣传大乘佛教福田思想的重要经典。

《福田经》中说，天帝、神众听佛说法时，天帝释问佛："人们做功德，是为了求得福报。那是否有一种功德，就像农民种田一样，可以春种一粒粟，秋收万颗子，得到无量的福报？"佛回答说："众僧之中，有五净德，名曰福田，供之得福，进可成佛。"接着佛又说："复有七法，广施名曰福田，行（僧人）者得福，即生梵天。"接着佛、天帝和几个比丘、比丘尼分别讲述了自己前世因广施而获得的果报。

比丘听聪讲了在过去无数世时，在大道边，建立小精舍供僧侣、旅客居住，以此功德，命终而生天，为天帝释，下生世间，为转轮圣王。比丘波拘卢讲了在过去无数世时以药果奉众僧，缘此果报，命终升天，下生世间，九十一劫未曾有病。须陀耶讲了在过去无数世时以酪布施众僧，缘此福报，寿终生天，下生世间，财富无限。阿难讲了在过去无数世时为众僧提供香油浴具，用僧人的洗澡水去除了恶疮，还以此因缘，生得端正，不受尘垢。比丘

4-4-1 兴立佛图和植园施凉
兴立佛图和植园施凉是"广施七法"的重要内容。图中左面六个赤露上身、穿犊鼻裤的泥工，正在修建一座两层砖塔，塔上两人砌砖，下面一人和泥两人送料，中间一人在扬手指挥。右面一座果园，围墙环绕，树木葱郁。树下三人正在乘凉。
北周　莫高窟296窟　窟顶北坡东段

4-4-2　听聪比丘立精舍
图绘听聪比丘在道旁建立精舍，可供途经的旅客休息。这种小精舍也叫"福德舍"，实为旅馆。一幢楼阁建筑，屋内有二人饮酒，一人弹琴。
北周　莫高窟296窟　窟顶北坡东段

尼奈女讲了在过去无数世时虽为贫女，但也尽力供养佛，以此功德，寿尽后往生天宫，成为天后，下生世间，端正鲜净。天帝讲了在过去无数世时以身上珠璎布施众僧，以此因缘，寿终往生忉利天，为天帝释。佛陀也讲了在过去无数世时在大道边安施圊厕以惠人民，以此功德，累世均不污秽染。这些故事讲的都是前世积功德而获福报，内容大同小异，但通过这些故事阐明了信众行善积福可获福报的主旨，宣扬了福田思想。

5·现知仅有的两铺福田经变

福田思想对中国佛教产生了重大影响，各时期的人修寺立塔、建窟造像，以期求福田利益。因此，福田（功德）思想是中国佛教的重要特点，也是中国佛教石窟造像兴盛的重要原因。敦煌石窟多是当地官员世族的"功德窟"，也可说是中国福田思想的产物。敦煌石窟中与福田、报恩思想有关的壁画屡见不鲜，但依据《福田经》绘制的经变只有两铺，在北周296窟和隋代302窟。这也是现知仅有的两铺福田经变。内容情节大致相同。

北周296窟绘有6个画面，其中，立佛图、画堂阁、植果园、施清凉、施医药、旷路作井，安设桥梁属于"广施七法"中的五法，"广施七法"中"船渡"和"圊厕"二法没有入画。另外一幅是比丘听聪于道旁立小精舍。

隋代302窟绘有7个画面，其中，立佛图、僧房、植果园、修浴池、疗救众病、造船渡民、修桥便行、近道作井属于"广施七法"中的六法，"圊厕"没有入画。另外一幅也是比丘听聪于道旁立小精舍。

两铺福田经变沿袭了早期故事画的横卷连续构图形式。这种构图形式可以将多情节、多场面的故事，并列画成横向连接的长卷，类似传统卷子横向延伸。敦煌北周故事画的题材和数量显著增加，横卷构图的形式也更丰富。有的两条或几条横卷上下并列，使故事情节呈"S"形、"之"字形或波浪形

4-5-1 莫高窟296窟内景　　（见82页图）
莫高窟296窟开凿于北周。北周时期敦煌本生因缘故事画的绘制繁盛。该窟南壁上绘千佛，中段绘"五百强盗故事画"；北壁上绘千佛，中段绘"须阇提本生故事画"；窟顶西坡佛光两侧及南顶坡、东顶坡绘"善事太子本生故事画"；顶西坡佛光北侧及北顶坡绘"微妙比丘尼缘故事画"及"福田经变"。一窟之内绘有多种本生因缘故事画，足可见当时本生因缘故事之盛。

4-5-2 福田经变　▼
福田经变从左面两朵四瓣花开始，分上下两层，画"广施七法"中五件事：起塔立精舍、果园施清凉、病则医药救、桥船渡人民、旷路作好井，还有比丘听聪于道旁立精舍。
北周　莫高窟296窟　窟顶北坡东段

构图，故事呈转折延伸发展。北周296窟的福田经变就是上下并列成两条横卷，画面依经文的顺序呈一上一下延伸发展的。到了隋代，随着大乘佛教净土思想的发展，以说法图为中心的大型经变增加，故事画逐渐消失，长卷构图形式也逐渐减少，在结构形式和突出主题方面，已不如早期的生动活泼、变化多端。但艺术技巧纯熟，功力深厚，在细节的描写，意境的深化，以及人物与大自然的结合等方面，超过早期。

这两铺经变画主要是继承和发扬了敦煌早期的艺术风格，造型简练，线描豪放，赋彩单纯，晕饰简淡，还没有受到隋代统一后形成的中原艺术风格的影响。两铺画都以山川林木为背景，横幅展开，人畜和建筑穿插其间，人物活动与环境的结合亦很自然，改变了早期以山林树木作为象征性背景的手法。人与建筑、树木的比例趋于合理。另外，302窟人字坡的底色为白色，与四壁的土红色对比鲜明，突出了人字坡的画面。

4-5-3　旷路作井及架设桥梁
画面上部，路旁有一辆卸辕的骆驼车，人畜都在水井边休息，水井东边画了饮骡马和给骆驼喂药等情节。下部是"设桥"。两个头戴帕巾的北周商人，并骑押着满载的驮队正在过桥，桥的另一面迎来一个高鼻深目的西方商人，牵着两峰载重骆驼，领着商队。
北周　　莫高窟296窟　　窟顶北坡东段

6·为什么绘制福田经变？

北周296窟和隋代302窟中，壁画内容丰富。除须阇提本生、睒子本生是奉养双亲的孝子故事，与当时统治阶级倡导"三教会通"的政治背景有关外，大都反映佛教的因果报应和福田思想，与当时主张佛教徒广植福田的佛教思潮有关。福田经变是广植福田思潮的代表产物。

莫高窟296窟窟顶除福田经变专讲广施七法外，还有善事太子入海本生、微妙比丘尼因缘两幅宣传因果报应的本生因缘故事画。该窟南北壁两壁的五百强盗成佛缘、

4-6-4 桥船渡民
这是一队商旅，前面一辆人的骆驼车正在过桥，随后是一个高鼻商人策马前行，桥下的河面上有两个人划着一只铁锅形的小船在摆渡。
隋　莫高窟302窟　窟顶西坡

须阇提太子本生，也是宣传因果报应的。在302窟窟顶人字坡上福田经变上面是快目王施眼、月光王施头、虔尼婆梨王剜身燃千灯等本生故事，内容多为超人的布施行为，表现忍辱牺牲的精神。

福田经变描绘了当时现实的劳动和生活场景，是这一时期不可多得的形象资料。尤其是表现广施七法中的几个画面与商旅有关，可以看到丝绸之路★上商旅来往的情景，其中有的是胡商。这与《周书·异域传》所记北周"弁服毡裘，辐辏于属国。商胡贩客，填委于旗亭"的情况一致。北周294窟中可以看到胡商的供养题记："清信商胡竹□□居□供养"、"清信商胡竹……供养佛时"等，以及他们的画像。隋代的丝绸之路空前繁荣，西海三

报恩父母经典故事

4—6—1　善事太子本生故事画全景
《贤愚经》中所记述的善事太子本生故事与《报恩经》中记述的善友太子本生故事内容大致相同。此图画面整体是绕窟顶西、南、东三坡的横幅画。每坡画面均分上、下两层,情节按上下交错的犬牙式发展。
北周　　莫高窟296窟　　窟顶

道,"总凑于敦煌",尤其是隋炀帝杨广曾派裴矩至敦煌,召引西域商贾至张掖互市。据《隋书·裴矩传》记载,大业五年(公元609年)隋炀帝又亲自巡幸河西,当时西域有27国使者"谒于道左"。这两铺经变画中的商旅图,可说是当时丝绸之路的真实写照。

知识库

★ **丝绸之路**

古代横贯亚洲的交通道路。公元前138年和公元前119年,汉武帝两次派遣张骞出使西域,开辟了中国与欧亚各国的陆地交通线。当时从长安出发,经敦煌通往欧亚各国的商路有两条:一条为南道,沿昆仑山北麓,经今新疆境内翻越葱岭南部到达大月氏(今阿富汗)、安息(今伊朗)诸国,再抵达地中海或身毒(今印度);一条为北道,沿天山南麓,经今新疆境内翻越葱岭北到达大宛(今费尔干纳盆地)、康居(今撒马尔罕)、奄蔡(今里海)诸国,再抵达大秦(罗马)。以后千余年间,大量的中国蚕丝和丝织品皆经此路西运,因此而闻名于世界,被19世纪末德国地理学家希特霍芬称为丝绸之路,并沿用至今。

第四章　福田经变

4-6-3　五百强盗成佛缘 ▶
该因缘故事讲的是有五百强盗作恶，后被官军围剿。被抓强盗在要被斩首时，高呼佛号，佛陀即来救渡。此图绘官军出动剿灭强盗。
北周　莫高窟296窟　南壁

4-6-2　善事太子流落利师跋陀国 ▼
此画面有牛王舔目、街头卖艺、弹琴遇知音三情节，描绘细致。
北周　莫高窟296窟　窟顶东坡

97

第五章　劳度叉斗圣变

劳度叉斗圣变

1. 劳度叉为什么与舍利弗斗法？

据《贤愚经·须达起精舍品》记载，古印度南天竺舍卫国辅相须达，仁善德重，生有七子，只有小儿尚未婚娶。于是派使者去外地寻觅年龄、地位、种姓、家财相当的女子为媳。使者去邻国，见辅相护弥之幼女姝丽异常，于是回国禀报须达。须达得知后立即启程前往护弥家想提亲。

须达到护弥家后，受到护弥热情款待。护弥还邀请须达在自己家中小住几日，以尽地主之谊。须达欣然答应，但未提及儿女婚嫁之事。当晚，须达见护弥家洒扫、修院、悬幡、铺毡，极尽华丽，便问护弥为何如此。护弥说是为请佛陀赴会而准备的。是夜须达得见佛主释迦，因此皈依佛门，并请释迦到舍卫国说法。释迦同意了，并派遣弟子舍利弗与须达同往选地建立精舍。

须达与舍利弗两人遍走王城内外，最后选中了舍卫国祇陀太子园，须达给用以足以铺满园地的黄金购买祇陀园。太子为须达的诚心所动，愿赠祇园之树（简称祇树）与须达共立精舍。六师外道闻讯后，奏启国王要与沙门斗法，若沙门得胜，方可起精舍，六师胜，则逐佛家出国，须达和祇陀太子将以欺君之罪受诛。于是国王设法场让二者斗法。

斗法之日，全国臣民百姓齐集城南广场观斗。外道推劳度叉出面，佛陀派舍利弗应约。劳度叉设宝帐于场西，舍利弗升狮子座居场东，臣民百姓场南观斗，国王则坐北面裁决胜负。斗法场地在四者之间。

劳度叉变出宝山，舍利弗派出金刚，以宝杵猛毁宝山。劳度叉变出水牛，舍利弗化出威猛狮王，分裂食之。劳度叉化出七宝水池，舍利弗驱使雪山白象入池，吸

5-1-1 王舍城

王舍城内阿难执锡杖,持砵受施。在城的中央,家人为操办佛事而忙碌,两人合力抬锅。佛及菩萨乘云而降。正西房内佛受供养。

晚唐　莫高窟9窟　南壁西部

取池水。劳度叉变出百丈毒龙,舍利弗化出金翅鸟★,擘裂啖之。舍利弗驱出鬼怪,舍利弗请出毗沙门天王,鬼怪跪伏投降。劳度叉变出参天大树,舍利弗令风神施威,拔起大树。斗法六个回合皆以舍利弗胜利告终。六师外道因此皈依了佛门。

这一故事主要包括两个部分:一是给孤独长者须达以黄金布地买祇陀太子园;二是六师外道与舍利弗斗法。须达购园起精舍故事,在南北朝以前的译经中已有,如东汉昙果译《中本起经·须达品》、北凉昙无谶译《大般涅槃经·狮子吼菩萨品》、《佛所行赞·化给孤独品》等。但这些经典都只记述购园,没有斗法的内容。北魏汉僧昙学、威德等在于阗无遮大会后集成的《贤愚经·须达起精舍品》中,才同时记录了购园和斗法,而且故事内容被敷演,细节被夸张。

由于对这一故事中所关注的情节不同,

第五章 劳度叉斗圣变

造成了对同一作品有不同的名称。更确切地说，这一故事可泛称为"祇园因由记"或"劳度叉斗圣变"，但不同时代的作品内容的侧重点不同，名称也就不同。在印度和中国初期是以给孤独长者以黄金布地买祇陀太子园的内容为主，就称为"祇园因由记"，依此创作的美术作品也就称为"祇园记图"、"祇园布施"等。随着北朝译经增加斗法内容，美术作品自北朝末年亦出现斗法场面，到初唐更成为主要的表现对象。同时，唐代出现讲唱的变文，有些变文沿用早期《祇园因由记》的名称，有的则以降魔斗法的内容为主，称《降魔变文》。而这一时期依据变文绘制的变相，也就被学术界直称为"降魔变"或"劳度叉斗圣变"。

5-1-2 须达买园
祇陀太子有园，其地平整，树木郁茂。须达以象驮来金砖，驾象的驭手坐地休息，有人在地面铺金砖，须达、舍利弗与祇陀太子交谈。
晚唐　莫高窟9窟　南壁西部

5-1-3 须达买园
这幅画表达了在不同时间发生的事。图左侧须达和太子争执，首陀天化作断事人评判。园中央须达与太子相对而立，为买园议价，园内大部分是金砖。图的上部已在动工修建精舍，有工人锄地，旁有建筑材料，是敦煌壁画中不可多得的建筑史资料。
宋　莫高窟454窟　西壁

报恩父母经典故事

5-1-4 丈量祇园
须达选中城南祇陀太子园地建精舍,并许诺给太子以黄金布园地为代价。画面中饰方形的地面表示已铺金砖,两人正在丈量未铺金砖的地面。
宋　莫高窟454窟　西壁

5-1-5 圣僧观战
舍利弗方面,坐于锦绣床上观战的圣僧从容镇定,谈笑风生。
宋　莫高窟454窟　西壁

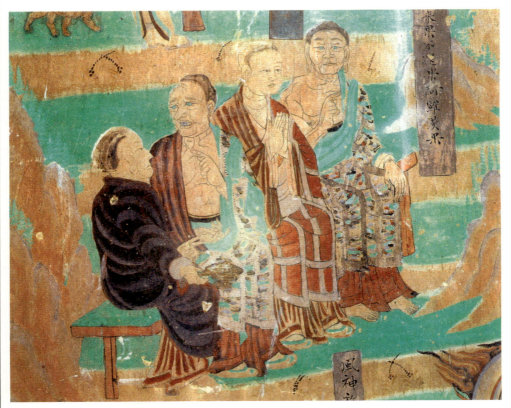

第五章 劳度叉斗圣变

5-1-6 圣僧助战 ▶
自初唐335窟开始，在舍利弗莲座后面助战的四圣僧均坐于地毯上，此后这类壁画便依此模式，把四圣僧都绘成坐于华美的锦绣床上。这画面的四僧着不同的袈裟，或神情自若，或拍手叫好，或交谈。
晚唐　莫高窟9窟　南壁东部

5-1-7 金刚击山 ▼
金刚执杵作击山状，巍峨的高山崩裂。山中有几个修行的隐士对坐，外道诸仙从裂缝中飞出。
晚唐　莫高窟9窟　南壁东部

103

报恩父母经典故事

5-1-8　大象吸水▲
劳度叉化作一池，舍利弗化作六牙大白象，"吸其水，池即干"。大象立于七宝池中，象牙的朵朵莲花上，诸玉女弹琴奏乐。
晚唐　莫高窟9窟　南壁东部

5-1-9　牛狮相斗　◀
劳度叉化一水牛，舍利弗随即化作狮子，将牛分裂食之。画面中的狮子凶猛异常，咬牛颈项，将其掀倒在地。画工按变文中的描述，将狮子画得白如雪山。这是同类画中保存较好的一幅。
五代　榆林窟16窟　东壁

第五章 劳度叉斗圣变

5-1-10 外道折巾 ▶
外道壮士夸口可力撼山川，舍利弗授头巾令其伸展。舍利弗给外道头巾时，流露出蔑视的神态。旁边的外道壮士两手执巾，手臂肌肉贲张，力尽而巾不展，情状颇尴尬。
五代　莫高窟146窟　西壁

5-1-11 金翅鸟斗毒龙、风吹树、咒方梁 ▼
鸟龙之斗、风树之斗是六次斗法的两次。在鸟龙之斗的前面有一根横木，是受外道仙人之咒的方梁，或上或下，舍利弗令方梁悬空不动的情节。
宋　莫高窟25窟　南壁

105

报恩父母经典故事

5-1-12 舍利弗注惠水
舍利弗斗法大获全胜,外道皈依佛法。舍利弗以神力腾飞虚空,现出各种变化。图中是舍利弗持净瓶注惠水于劳度叉头顶。
宋 莫高窟25窟 南壁

知识库

★金翅鸟

梵文Garuda的意译,音译"迦楼罗"。印度神话中的神鹰,被称为鸟中之王,其大无比,以龙为常食。起源于西亚的太阳崇拜,后成为印度教大神毗湿奴的乘骑。佛经中称其悔过受八关斋法,皈依佛门,成为佛教护法的"天龙八部"之一。

2．劳度叉斗圣变文和变相如何相互影响？

据研究，劳度叉斗圣故事是先由佛经发展为变相，然后变相启发了变文，变文又发展为变相。

经文、变文、变相有不同的社会功能，因此情节取舍和表现形式不尽相同。经文有浓厚的宗教性质和弘扬佛法的作用。变文是有文艺娱乐性的作品。变相依据变文描绘，但不拘泥于变文，不是简单地图解变文，而是进一步发展了作品的形象性和戏剧性。这是由于变相的观赏性决定了它自身的艺术规律和创作过程。例如，舍利弗与劳变叉斗法中的"风树之斗"，在经文中仅是"旋风吹拔树根倒着于地，碎为粉尘"一句，在变文中用文学语言演绎为"神王叫声如雷吼，长蛇拔树不残枝，瞬息中间消散尽，外道飘飘无所依。六师被吹脚距地，香炉宝子逐风飞，宝座倾危而欲倒，外道怕急总扶之。"画师把这些描述表现为形象的画面，通过外道徒众在疾风横扫中的不同窘态，狂风席卷下种种人物的不同情状，表现了暴风掠过劳度叉阵营的凌厉威势，呈现了一个完整统一、互相联系、激动人心的瞬间，作出了创造性的贡献。

劳度叉斗圣故事还有变文与变相结合的文本形式，敦煌藏经洞出土的《降魔变文并画卷》就是这种结合的体现。该卷一面是变文，一面是绘画。变相将劳度叉与舍利弗斗法的场面逐个分别描绘，每节图画与变文对应，都有相应的一段韵文唱词，

5-2-1 劳度叉斗圣变
整个经变用横卷连环画的形式，分上下两列绘制12个情节，每个情节附有榜题，写明所画内容。部分画面被烟熏黑。此图平铺直叙，没有重点和高潮，不同于唐代以斗法作主体，是这一题材的早期形式。
北周　西千佛洞12窟　南壁东侧

5-2-2 六外道皈依
图绘舍利弗获胜,六师外道皈依佛门,舍利弗即为说法,将经文中所说的外道皈依的情景非常生动地刻画出来。
晚唐　莫高窟196窟　西壁

图文结合,与明清的插图本小说一样。在敦煌多幅劳度叉斗圣变壁画中,除西千佛洞12窟外,都是以相对的劳度叉和舍利弗为中心,而以斗法场面穿插于两人之间,对每一情节也都有一段录自变文的榜题来说明,形成一幅完整的构图。画卷和壁画构图的不同是由于不同的作用。画卷可用于给观众讲唱,而壁画中的劳度叉斗圣变,由于洞窟太暗,又多绘于距背屏之后一米左右的西壁,不能用于讲唱。

诚如前述,变文和变相在发展过程中相互借鉴,取长补短;既有承袭,又有发展,逐渐发展成为人们喜爱的文艺形式。《降魔变文》或变相,就其内容而言,虽然十分荒诞,但对以后的中国文学创作,尤其是神怪题材的小说产生了深远影响。

第五章 劳度叉斗圣变

5-2-3 外道避风 ▶
图绘狂风席卷,二外道被吹得站立不稳,衣带飞卷,用手遮面,或转身避风。将变文中所说的风树斗刻画得淋漓尽致。
五代 莫高窟146窟 西壁南部

5-2-4 帐幕卷裹外道 ▶
图绘旋风来时,坐在帏帐内观看斗法的外道婆罗门,被倒下的帐幕卷裹,一片惊慌。
五代 莫高窟146窟 西壁南部

第五章 劳度叉斗圣变

5-2-6 外道洗头 ▶
画面榜题是"外道归降洗发出家时"。蹲在地上的外道，摸着剃光的头，面对精美的浴盆，看着自己的样子，一副愁眉苦脸的神态。
宋 莫高窟55 西壁

5-2-7 风神放风 ▶
这是舍利弗阵营的风神，利用狂风去制服外道六师劳度叉。似力士形象的风神，位于舍利弗座下，头饰光圈，身披盔甲，手执风袋，将威力无比的旋风放出。
宋 莫高窟454窟 西壁

5-2-5 风吹魔女 ◀
图绘衣饰华丽的外道魔女，正搔首弄姿诱惑舍利弗。突然狂风吹来，裙袍乱飞，脂粉失色，瑟缩收敛，窘态百出。外道魔女头梳高髻，着长袖花衫，腰束彩裙，应是当时平民女子的日常衣着。
五代 莫高窟146窟 西壁南部

3 · 劳度叉斗圣变出现于何时？

祇树给孤独园精舍是释迦牟尼去舍卫国说法时与僧徒居留的地方。据统计，释迦牟尼在此讲了三百部佛经，因此该地成为佛教圣地，一直被佛教徒赞颂膜拜。

须达购园起精舍故事画，在公元前2世纪印度巴尔胡特塔★的栏楯上已经出现。在栏楯的圆形画面上，以单幅主体式构图。须达立于中间持壶灌水，前面一人手拿算盘算帐，后面是一精舍和树，左边为祇陀太子合掌致谢，右面有一辆车，一人

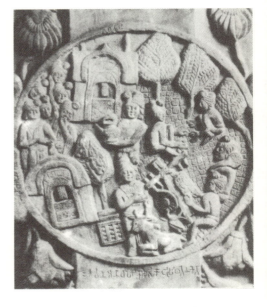

5—3—1　印度巴尔胡特塔须达购园故事画

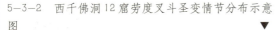

5—3—2　西千佛洞12窟劳度叉斗圣变情节分布示意图

①须达辞佛回舍卫国建立精舍，佛遣舍利弗同去；
②须达与舍利弗至舍卫国选地；
③选中太子祇陀园；
④须达以黄金布地买园，太子赠树，共起精舍；
⑤斗法第一回合，劳度叉化树，舍利弗作旋风；
⑥斗法第二回合，劳度叉化池，舍利弗化六牙大白象；

⑦斗法第三回合，劳度叉化山，舍利佛化金刚力士；
⑧斗法第四回合，劳度叉化龙，舍利弗化金翅鸟；
⑨斗法第五回合，劳度叉化牛，舍利弗化狮；
⑩斗法第六回合，劳度叉变夜叉鬼，舍利弗化毗沙门天王；
⑪夜叉鬼屈服；
⑫舍利弗说法，六师徒众皈依佛门。

| 第五章　劳度叉斗圣变 |

从车上取黄金，一人担荷转运，二人以金铺地，仅表现须达以黄金铺地买祇陀太子园的情节，没有斗法的内容。内容和构图都相当简单。

据南北朝及之后的一些文献记载，可以断定中国的祇园精舍故事画最晚在南北朝初期就已出现了。而且从早期经典中只记述须达购园起精舍，北魏《祇洹精舍图偈》也以"祇园精舍图"命名来看，中

5-3-3　须达辞行
须达辞佛将回舍卫国，佛遣舍利弗去共建精舍。一座二层庑殿顶建筑中，释迦依坐，有菩萨相侍，阶下须达上前跪拜辞行，后站立舍利弗和二侍从。
北周　西千佛洞12窟　南壁东侧

国最初的"祇园精舍图"应与印度一样，仅是以简单的画面表现购园起精舍的情节。中国现存这一题材最早的壁画是敦煌西千佛洞的北周12窟。这也是现在唯一一铺北朝时期的劳度叉斗圣变。

5-3-4 须达选地
图中向前行走的二人,前面有头光者为舍利弗。须达在后,身后是一棵大树,枝繁叶茂。
北周　西千佛洞12窟　南壁东侧

　　西千佛洞12窟劳度叉斗圣变根据《贤愚经·须达起精舍品》绘制。部分画面被烟熏,残存有11则榜题。画面采用连续画的形式,由上下12个情节组成。不仅详细描绘了选地、购园、修建精舍的内容,还逐一刻画舍利弗与六师外道劳度叉斗法的情节,二者几乎各占画面的一半。

　　这铺壁画不仅内容比印度巴尔胡特塔栏楯上的须达购园故事画丰富,构图上也改变了单幅主体式形式,作连续性的横列画面构图。《贤愚经》对斗法内容的敷演,戏剧性情节的增加,需要新的形式来表现。连续性的横列画面形式,不仅能更加充分表现故事内容,而且为从平板的叙述向戏剧性情节的发展,提供了有利的条件和广阔的空间。内容丰富、构图完善的该铺壁画,可以说是须达购园故事画向只表现劳度叉与舍利弗斗法的劳度叉斗圣变的过渡。

5-3-5 须达买园
画面中树木郁茂,微风拂柳,须达和太子于柳树林中穿行。
北周　西千佛洞12窟　南壁东侧

第五章 劳度叉斗圣变

5-3-6 旋风拔树、金刚碎山
图的右下面是劳度叉变作一条龙,舍利弗化为金翅鸟啄啖恶龙。中间是一棵大树被风吹折欲倒。左面是一力士举金刚杵指向大山。
北周　西千佛洞12窟　南壁东侧

5-3-7 火烧外道
劳度叉变成夜叉鬼,形体长大、头上火燃、目赤如血、四牙长利、口自出火,腾跃奔突。舍利弗则化作毗沙门天王,昂然站立。夜叉惧畏,即时屈服,五体投地,哀求饶命。
北周　西千佛洞12窟　南壁东侧

 知识库

★ 巴尔胡特塔

佛教在印度诞生后,开始建立许多窣堵波,即中国所称的塔,以藏佛舍利。印度窣堵波一般外绕石栏,浮雕佛教图案,巴尔胡特塔就是其中的代表作。该塔的围墙上雕刻着很多半人半神的药叉和药叉女形象,横栏上的雕塑大多取自佛本生故事。相对山奇塔雕刻(约为公元前1世纪),巴尔胡特塔的雕塑显得比较平板,出现的年代可能稍早一些。

4·劳度叉斗圣变成熟于何时?

西千佛洞的北周劳度叉斗圣变之后,直到晚唐归义军时期之前,敦煌石窟中仅存一铺劳度叉斗圣变,绘于莫高窟335窟西壁龛内,仅绘斗法的内容。

莫高窟335窟开凿于初唐。从此窟的纪年题记来看,这一洞窟修建的时间很长。窟内东壁门顶有垂拱二年(公元686年)的题记,北壁下部有圣历年间(公元698～699年)的题记,西壁龛北有长安二年(公元702年)的题记。从这三条题记来看,是先绘东壁,再绘北壁,然后绘西壁,前

5-4-1　劳度叉
劳度叉于帷帐内交脚坐高座。舍利弗所变的旋风吹得劳度叉的帷帐倾斜欲倒,劳度叉紧闭双眼,惊惶失措。惊慌的外道男女,手忙脚乱,站立不稳。
初唐　莫高窟335窟　龛内南壁

5-4-2　风吹魔女
魔女跪坐于劳度叉帷帐下方地上,乳圆体丰。在狂风的猛烈袭击下,以袖遮面,动弹不得。
初唐　莫高窟335窟　龛内南壁

后历时16年。西壁龛内的劳度叉斗圣变也就是在这时期绘制的。

将劳度叉斗圣变绘于正壁龛内,敦煌石窟中也仅此一例。唐代石窟主室正壁龛内的塑绘内容就是该窟的主题。一般除了

塑佛和菩萨像外，龛壁上也多绘菩萨和弟子像。莫高窟335窟将劳度叉斗圣变绘于正壁龛内，说明该窟的营建者十分重视这一题材。

5-4-3　风吹魔女　▶
一外道魔女在疾风席卷下，前腿弓，后腿蹬，弯腰弓背，回身避风，披帛随风飞舞，十分生动。
初唐　莫高窟335窟　龛内南壁

5-4-4　金翅鸟斗毒龙　▼
帷帐上方金翅鸟与毒龙相斗，金翅鸟为人头鸟嘴，双翅展开，利爪下的毒龙显得很弱小，对比鲜明。人头鸟身的金翅鸟是同类经变中独一无二的。
初唐　莫高窟335窟　龛内南壁

| 报恩父母经典故事 |

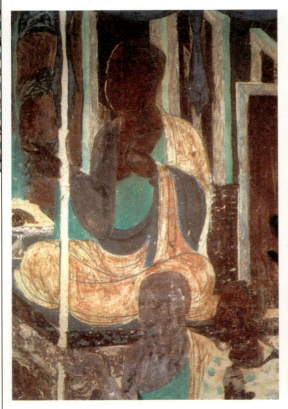

5-4-5 舍利弗与圣僧
与劳度叉斗法的舍利弗，结跏趺坐于方形佛帐内。舍利弗是一安详稳重，富于智慧的青年比丘形象，一副镇定自若、运筹帷幄的神态，与惊惶失措的劳度叉形成鲜明的对比。
初唐　莫高窟335窟　龛内北壁

5-4-6 莲花玉女
斗法的第二回合，劳度叉变一水池，舍利弗变作六牙大白象将池中水吸干。经中说大白象的每一颗牙上有七朵莲花，花上有七玉女。这是乘云飘然而至的玉女。
初唐　莫高窟335窟　龛内北壁

　　这铺画的斗法内容除没有毗沙门天王降服夜叉外，其余均与《贤愚经》相同。由于该画绘在狭小的龛壁内，再加上塑像的遮挡，画面内容的完整和气势有局限。但是，与西千佛洞北周12窟对比来看，这铺画有三个显著而重要的变化：一是只表现劳度叉与舍利弗斗法，从此劳度叉斗圣就成为敦煌壁画中此经变题材的主题；二是以劳度叉和舍利弗为中心，并将两个主角安排成南北对称，一动一静，更好地安排成两军对垒的阵势。三是虽然依据《贤愚经》而绘，但不拘泥于经文，开始尝试调整斗法结局的画面，去掉缺乏气势和美术感染力的最后一个情节——毗沙门天王降服夜叉，而将第一个情节"风树相斗"调到最后，并着意描绘大风的凌厉威势，取得

第五章 劳度叉斗圣变

了很好的效果。

　　这三个变化是敦煌壁画的劳度叉斗圣变从初创走向成熟的转折点,也是这一经变完全中国化的转折点,对以后的《降魔变文》和"劳度叉斗圣变"产生了重要影响。

5-4-7　金刚击山
劳度叉变作巍峨大山,舍利弗化作金刚力士,以金刚杵将山击破。
初唐　莫高窟335窟　龛内北壁

报恩父母经典故事

5·晚唐劳度叉斗圣变如何布局?

敦煌石窟盛唐和吐蕃统治时期共140多年间一直没有发现,劳度叉斗圣变。公元848年张议潮起义,结束了吐蕃对敦煌的统治。敦煌的人用宗教的语言表现这一重大事件和喜悦心情,形成晚唐劳度叉斗圣变勃兴的局面。

敦煌晚唐的劳度叉斗圣变现存3铺,绘于莫高窟9、85、196窟。85窟残损较为严重,另外两窟保存基本完好。3铺内容、构图大致相同。现以196窟为例,参考《降魔变文》的情节和各窟的榜题,将布局剖析于下。

第一部分主要讲须达购园起精舍和前去道场。画面集中于两侧。第1组画面在下部,是须达到王舍城,皈依佛门后同舍利弗选地,舍卫国城、王舍城和乘象选地。第2组购园在右上角,有须达和太子在祇陀园内争执、首陀天化作断事人评判及金砖

第五章 劳度叉斗圣变

铺地、建精舍等。第3组是寻找舍利弗和去斗法场，画面集中在左侧。左上角是舍利弗临行前听释迦说法，其下是须达寻找舍利弗，及须达与舍利弗偕同四大天王、天龙八部、金毛狮子、雪山象王等前往斗法场。

第二部分是劳度叉与舍利弗斗法。画面集中于中间，总体布局是作为裁判的波斯匿王居中，舍利弗位于左边，劳度叉在右边。第1组画面是观看斗法。波斯匿王在中间稍上方，舍利弗、劳度叉、须达站在两旁。波斯匿王的左上方是和尚撞钟，右上方是外道击鼓。第2组以左侧的舍利弗为主，有跌坐莲花高座的舍利弗，莲座后面观战的四圣僧和前面的二菩萨，座下的风神。第3组是6次斗法，位于波斯匿王的上下方。还穿插有舍

5-5-1 劳度叉斗圣变（摹本）
由于窟内原图被中心柱所挡，难见其全貌，此摹本可得见全壁。晚唐各窟劳度叉斗圣变的情节布局基本与此图相同。
晚唐　莫高窟196窟　西壁

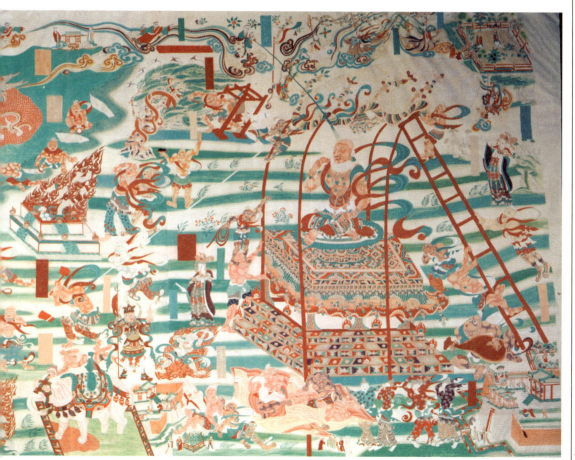

5-5-2 持钟比丘
比丘敲钟宣布佛家得胜,前面有几个已皈依的外道。
晚唐　莫高窟9窟　南壁东部

利弗止方梁、使火反烧外道、烧外道经坛等。第4组在右侧,集劳度叉与大风席卷外道为一体。劳度叉坐高坛,外道徒众在帷帐前后挽索打拴、扶梯支撑。上面是鼓破架倒,下面有外道风神和乱作一团的外道、魔女等。

　　第三部分是舍利弗获胜,六师外道皈依佛门。第1组画面集中于舍利弗莲座前,描绘外道皈佛。外道跪拜、洗头、漱口、剃度、灌顶和剃度后摸头嬉戏,以及看舍利弗神变等。第2组是舍利弗神变,集中于顶部。内容有舍利弗头上出水、放五色光和脚下生火、邀游太空等。

5-5-3 赴斗法场
须达与舍利弗偕同四大天王、天龙八部等前往斗法场。前行老翁是须达长者。六臂、举托日月的是阿修罗。其后是舍利弗,通肩袈裟,气宇轩昂。后随护法助阵的天王和神将,戴盔披甲,持杵剑戟,威风凛凛。
晚唐　莫高窟196窟　西壁

第五章　劳度叉斗圣变

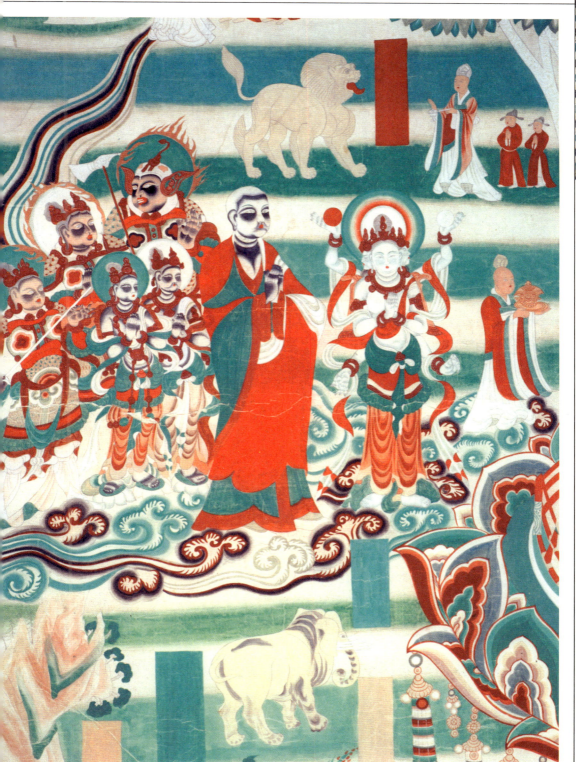

123

| 报恩父母经典故事 |

5—5—4 比丘撞钟
波斯匿王观战，定下规则。外道胜："击金鼓而下金筹；佛家若强，扣金钟而点尚字"。当大风过后，外道溃不成军，鼓破架散。比丘撞响金钟，宣告舍利弗战胜外道。
晚唐　莫高窟196窟　西壁

第五章 劳度叉斗圣变

5-5-5 风吹鼓架及树
大风吹倒大树,拔根而起;外道鼓架被风掀翻,外道被风吹得东倒西歪。
晚唐 莫高窟196窟 西壁

5-5-6 佛家风神(摹本)
晚唐 莫高窟196窟 西壁

5-5-7 外道风神(摹本)
晚唐 莫高窟196窟 西壁

5-5-8 外道经坛被烧毁(摹本) (见98页图)
晚唐 莫高窟196窟 西壁

6·晚唐劳度叉斗圣变有什么特点？

敦煌晚唐的三铺劳度叉斗圣变有以下几个特点：

第一、故事内容更加完整。晚唐劳度叉斗圣变中，既有经文中没有而变文新增的寻找舍利弗、舍利弗请佛加威等情节，又增加了《降魔变文》也没有的情节，如外道化火烧舍利弗，舍利弗指火反烧外道；外道壮士夸口撼动山川，舍利弗即以头巾令其拗屈，外道尽其力而不能拗屈头巾；外道设坛陈经，夸示其经论永世不毁，舍利弗指火尽焚其经；外道救火飘泊海中，力尽乏困而睡眠；外道仙人施咒使方梁在天，或上或下，舍利弗使神力令方梁悬空不动；外道美女数人巧妆打扮诱惑舍利弗，舍利弗以狂风劲吹，美女衣裙乱飞，羞耻遮面；舍利弗注惠水于劳度叉头顶，菩萨、仙女观战，圣僧助威。故事内容的增加，显示出壁画逐步摆脱宗教图典的束缚

第二、在艺术上、规模上，除莫高窟85窟下部有屏

5—6—1 舍利弗及圣僧（摹本）
舍利弗一侧是胜利的一方，一派庄严宁静的气氛。舍利弗安详稳重、富于智慧，左下角的观战圣僧庄严欢快，富有戏剧性的是座前外道落发皈依的情节。
晚唐　莫高窟196窟　西壁

5—6—2 劳度叉及外道徒众（摹本）
劳度叉目瞪口呆、惊惶失措，一派慌乱。双方经过激烈斗法后，劳度叉被舍利弗所化的狂风刮得帷帐翻飞，宝座摇摇欲坠，鼓破架倒；下面的外道满地翻滚，魔女衣裙飞卷，帐前侍立的外道蒙眼抱头，狼狈不堪。徒众搬来梯子，抢修被吹坏的宝帐，有的搭起人梯曳绳打桩，竭力支撑。
晚唐　莫高窟196窟　西壁

第五章　劳度叉斗圣变

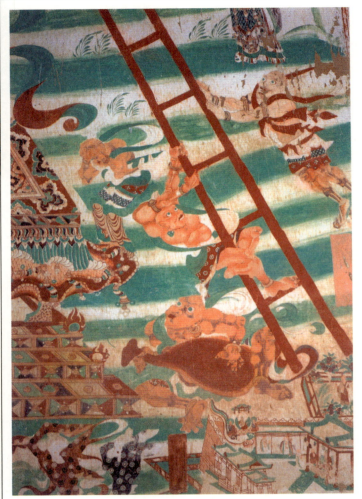

5-6-3 大风席卷外道
大风席卷外道时，外道徒众或在劳度叉高坛前后挽索打拴，扶梯支撑，或抱头鼠窜。下方是风神持风袋，缩手缩脚放风不出。
晚唐 莫高窟196窟 西壁

风画外，莫高窟9、196两窟都是整壁通绘的辉煌巨制，十分壮观。绘画者并未按照变文的叙事程序来安排画面，而是把变文的人物情节打散重组。画面被分成上中下三部分，突出主要情节，将斗法安置于中间主要位置，而释迦说法、舍利弗神变和须达访园起精舍的过程仅绘于上下边角，布局主次分明，充分表现了劳度叉斗圣变的主题。同时，构图又继承了莫高窟335窟的对称形式，以波斯匿王为中轴线，左右画面大都对称。两个对称的画面一静一动，形成强烈对比，既加深了斗法的气氛，又增强了画面的观赏性。

第三、画面进一步凸现风树之斗为决定性回合。初唐335窟已将风树之斗调整到最后一个情节，并以风的威力刻画了劳度叉的狼狈。这一创造性的处理，启发变文作者大胆调整经文中的6个斗法情节，将原来的顺序改变,着意渲染铺陈风树之斗。变文的这一变化,反过来影响了这一时期以变文作为底本的画家,他们充分利用形象艺术来表现这一结局性的战斗,加强了舍利弗大获全胜的效果。

第四、增加了趣味性、观赏性。经文仅记六师外道皈依后"于舍利弗所出家学道"一句,变文中也只用"面带羞惭,容身无地"来描述,而壁画充分发挥艺术的表现能力,出现有趣的画面:如外道皈依后,不知礼法,胡乱礼拜;剃发时手足无措,剃发后手摸光头,互相嬉戏;撅臀洗头,坐地灌顶;初换袈裟,颇为好奇等,使他们的神性中添加了社会化的个性,给结局增加了观赏性和喜剧性。

5-6-4 风吹魔女 ◀
舍利弗驱神风吹来时,来观看斗法的外道魔女,瑟缩战栗,偎依一处。
晚唐 莫高窟196窟西壁

报恩父母经典故事

5-6-5 外道皈依
这几个皈依佛门的外道,正剃度者作游戏坐,灌顶者席地而坐,跪拜者因不知礼法,胡乱礼拜。
晚唐 莫高窟196窟 西壁

第五章 劳度叉斗圣变

5-6-7 外道洗头
外道弯腰洗头，叉腿撅臀，从下面倒着向后看人，显得粗鲁滑稽。
晚唐　莫高窟196窟　西壁

5-6-6 剃度后的外道
二外道剃度后，一个灌顶，一个在揩齿漱口，神情可爱、亲切。
晚唐　莫高窟196窟　西壁

7·五代、宋劳度叉斗圣变

曹氏归义军统治时期,也就是相当于中原王朝的五代、宋初这一历史时期,敦煌壁画中的劳度叉斗圣变数量激增,达14铺,可见这个题材特别受人欢迎。其中,五代莫高窟10铺,有5幅残损,其它保存基本完好。榆林窟3铺,第32窟的许多榜题仍清晰可辨。宋代4铺,仅莫高窟454窟保存较好。

在曹氏画院的影响下,五代、宋的劳度叉斗圣变基本上沿袭晚唐。从已发现的9世纪上半叶劳度叉斗圣变粉本★来看,除了一些洞窟的布局略有变化,细节有所增删或调换位置外,主要人物和情节大都出自一个范本。

五代莫高窟6、72窟劳度叉斗圣变残损,将劳度叉和舍利弗斗法分别绘于窟门两边,布局很有特点。同时期的莫高窟146、98窟保存完整,尤其146窟是唐代以后最精彩的一铺,下部的须达访园、寻找舍利弗以及国人观战比较清晰,画中的车马人轿很有生活情趣。

这时的劳度叉斗圣变还保留了大量榜

5-7-1 劳度叉斗圣变 ▼
此铺经变,布满南壁。此图是斗法的布局,全图对称,左右是对坐斗法的舍利弗和劳度叉,中间布置着各个斗法情节。后人凿的过洞,破坏了画面的完整性
五代 榆林窟32窟 南壁

| 第五章　劳度叉斗圣变 |

题。有些榜题几乎是只字不差地录自变文，有些洞窟的榜题虽然抄录变文少，字句有所简略，但内容仍与变文一致。莫高窟98、146、55、454等窟榜题有："风神镇怒放风吹劳度叉时"，"地神涌出助风吹外道时"，"外道风吹急诵咒止风时"，"外道欲击论鼓皮破风吹倒时"，"外道被风吹急掩头藏隐时"，"风吹劳度叉帐欲倒（外）道挽绳断仆煞欲死时"，"外道帷帐被风吹倒曳索打拴时"，"外道忙怕竭力扶梯相正时"，"外道美女数十人拟惑舍利弗遥知令诸美女被风吹急羞耻遮面却回时"，"外道置风袋尽无风气□吹时"，"外道风吹眼碜愁忧时"，"外道被风吹急□（以）手遮面时"，"外道被风吹急□（避）风时"，"外道被风吹急政（正）立不得却回时"，"外道被风吹的急相倚伏□时"，"外道劳度叉□□退去时"等。这些画面，表现出画师对生活的深刻体验和绘画艺术上的匠心。

五代、宋时，敦煌洞窟中流行在窟顶

5-7-2　外道剃度
剃度者专心剃发，斗法失败的两外道愁眉不展、无可奈何。
五代　　榆林窟76窟　　东壁

四角绘含镇窟护法护国意义的四天王像，如莫高窟146、55、454等。与这些天王像一样，绘于主室正壁的劳度叉斗圣变也隐含了以正法护国，"誓伏魔恐"的深刻意义。

宋代时中原也有这一题材的美术作品。据郭若虚《图画见闻志》卷六记载：相国寺的洞门南北分别画"给孤独长者买祇陀太子园因缘"和"劳度叉斗圣变相"。可知中原与敦煌的粉本不同，须达布金买地与劳度叉斗圣变是分开描绘的。

报恩父母经典故事

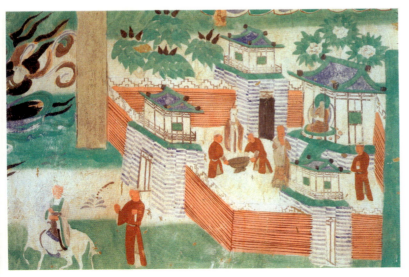

5-7-4 王舍城
画面中城楼、房屋都是歇山顶式。城内二仆人抬锅,为佛说法操办饮食,一侧是护弥,另一侧是阿难。王舍城外,须达骑马回国选地。
五代 莫高窟146窟 西壁南部

第五章 劳度叉斗圣变

5-7-3 胜券在握的舍利弗 ◀

画面因袭晚唐画本,作两方对峙布局。南侧为释门一方。舍利弗神情自若,稳坐在须弥莲花宝座上,指挥若定。右上比丘撞钟,表示释门得胜。外道徒众前来皈依。

五代　莫高窟146窟　西壁南部

5-7-5 园人观战 ▶

舍利弗大获全胜,六师外道悉皈依佛法。前来观看的民众,欢呼雀跃。观众有僧人,有坐椅子的老妪,有骑着牛或怀抱小孩的。有跳舞奏乐的,有拍手欢呼的。旁边还有老牛舔犊和小牛吃奶的情景。

五代　莫高窟146窟　西壁

5-7-6 火烧外道 ▶

二外道在熊熊大火中跪地求饶。
五代　莫高窟146窟　西壁

| 报恩父母经典故事 |

5-7-7 须达访园 ▲
画面左边是舍卫国城,须达和舍利弗各乘一象出城,前面有菱形果园。画面右边是一长方形果园,舍利弗站在前面,后面的须达叉手敛容,表示已寻得合适地点,须达身后是随从和大象。
五代　莫高窟98窟　西壁

5-7-8 须达访园时乘轿 ▼
画面有两顶轿,每顶轿有四人抬,后面跟着侍从。是六角攒尖顶花轿,其形状像这一时期的亭子,与现存位于莫高窟前、建于五代的慈氏塔极为相似。是研究这一时期交通工具的实物资料。
五代　莫高窟98窟　西壁

5-7-9 风神放风 ▶
此身力士形象的风神，面相凶猛，发挽高髻，束冠饰，后垂带，着铠甲战衣，胡跪于地，瞪眼怒目，高声怒吼，抱持饰花风袋鼓风。
宋 莫高窟55 西壁

5-7-10 外道灌顶 ▶
此外道徒剃度后以惠水洗头，双目紧闭，神态专注。
宋 莫高窟55 西壁

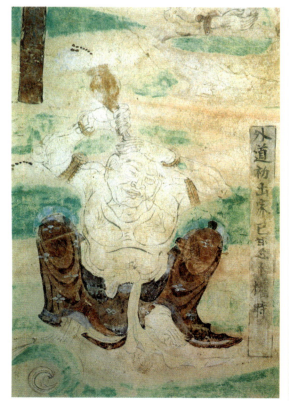

知识库

★ 粉本

画稿的别称。据清代方薰所记："画稿谓粉本者，古人于画稿上加描粉笔，用时扑入缣素，依粉痕落墨，故名之也。"指在墨线勾好底稿上，沿墨线刺小孔，其后覆在纸或者绢上用粉扑打，然后可依粉痕落墨。这是古代勾画稿子的一种方法。清代李修易在《小蓬莱阁画鉴》中所说："唐宋人作画，先立粉本，惨淡经营，定其位置，然后落墨。"

5—7—11 外道濯漱
这是外道落发净身的场面。穿短裤者,撅臀弯腰在地上洗头;蹲在地上者,用杨枝揩牙。
宋 莫高窟55 西壁

5—7—12 外道剃度
外道归降后,在舍利弗台前剃度出家。外道右袒,穿绿裤,在束腰莲座上作游戏坐,一手支颔,愁眉不展。舍利弗为其剃度,榜题"外道初度出家舍利弗剃发时"。
宋 莫高窟55 西壁

| 第五章 劳度叉斗圣变 |

8·为什么出现劳度叉斗圣变？

敦煌劳度叉斗圣变的出现有多种原因。北周洞窟出现劳度叉斗圣变，与北朝石窟的功能有关。北朝重禅修，石窟中的绘塑也以禅观内容为主。释迦的各种事迹就是禅观的重要科目之一。因《贤愚经》中记述了许多关于释迦的本生、因缘、佛传故事，《贤愚经》故事大量入画，用作观禅，其中包括了劳度叉斗故事。西千佛洞12窟南壁门东的劳度叉斗圣变属因缘故事，门西是睒子本生故事。

儒、释、道三教之争是劳度叉斗圣变出现的一个重要原因。佛教自东汉末年从印度传入中国后，与中国传统的儒教和土生土长的道教冲突不断，加上统治阶级出于政治需要，或抬儒道压佛，或以佛压儒道，导致儒、释、道三教之争更为激烈。

北周武帝建德三年（公元574年）灭佛★，是中国历史上继北魏太武帝灭佛后又一次大规模灭佛。灭佛后，虽提倡会通三教，但仍强调以儒教为正统。而在灭佛之前，曾进行过长达七八年的三教先后之

5—8—1 莫高窟335窟内景
西壁佛龛内两侧的墙上，即劳度叉和舍利弗斗法的画面。此图可见龛内北壁的舍利弗一方。

5-8-2 莫高窟9窟内景
劳度叉斗圣变位于左壁，但劳度叉的阵营被中心柱佛龛所挡。由洞窟形制和壁画位置估计，由于光度和空间不足，劳度叉斗圣变壁画虽然与变文有关，但并非供讲唱之用。

争，释、道二家的争斗尤烈。建德二年（公元573年）十二月武帝集群臣、沙门、道士等，"辨释三教先后，以儒教为先，道教为次，佛教为后"，并于建德三年五月十七日下诏禁断佛、道二教。在数次争论中，甄鸾、释道安曾分别上《笑道论》、《二教论》，驳斥道教传说、教义。西千佛洞12窟的北周劳度叉斗圣变，可以说是这一场争斗的反映。

唐太宗于贞观十一年（公元637年）下《道士女冠在僧尼之上诏》，诏曰："自今以后，斋供、行法至于称谓，道士、女冠可在僧、尼之前。"僧人智实、法淋等为此上表力争，遭太宗严斥，从此就开始了佛、道的先后之争。唐

5-8-3 舍利弗
华盖富丽，须弥座莲台繁华精致，舍利弗内着僧祇支，外披山水袈裟，手结印契，两眼平视，神色安然。画家笔法精湛，勾描施色精工，色彩丰富，但和谐清雅。
晚唐　莫高窟9窟　南壁东部

| 第五章　劳度叉斗圣变 |

5-8-4　劳度叉惊慌失措
在舍利弗放出的神风吹袭之下，劳度叉所坐宝帐摇摇欲坠；面庞瘦削、留着山羊胡须的劳度叉坐在高台上，目定口呆，惊恐万状，手足无措。六师外道和魔女都乱成一团。
五代　　榆林窟16窟　　东壁南部

太宗为显示李氏门第高贵，自称为老子之后。所以"今李家据国，李老在前；释家治化，则释门居上"。显庆元年（公元656年），玄奘患病时，对道在佛先的情况仍耿耿于怀，当高宗遣御医探视时，玄奘曾要求改变僧道先后之序。上元元年（公元674年），高宗才下诏："公私斋会，及参集之处，道士、女冠在东，僧尼在西，不须更为先后。"同年随着高宗改称"天皇"，武则天也称"天后"，谓之"二圣"。武后开始利用佛教，夺取帝位，改唐为周，而佛教也为武后称帝大造舆论。武后称帝后，于天授二年（公元691年）"以释教开革命之阶，升于道教之上"，"僧、尼处道士、女冠之前"。佛

5-8-5 舍利弗喜看外道皈依
此图的舍利弗在全图的右边,舍利弗安详地坐在莲座上,座前画外道皈依、剃度出家场面。画画气氛显得和平宁静,用色亦甚清雅。
五代　榆林窟16窟　东壁北部

代表外道的劳度叉斗法为主要内容,并以风吹外道,佛教大获全胜收结。

5-8-6 风吹鼓架
大风吹翻劳度叉一方的鼓架,外道无法击鼓。图中外道孔武有力,一手持鼓棒,一手用力拽拉着鼓架。
五代　榆林窟16窟　东壁

教助武后篡夺皇位后,战胜了"外道",跃居三教之首。对这一重大事件佛教当然要大力宣传和颂扬。莫高窟335窟的劳度叉斗圣变就是在这种背景下产生的。也正是为了强调佛教战胜"外道",莫高窟335窟不仅将这一经变绘在正壁的龛内,还大胆创新,淡化了这故事的主要内容——须达买园,改成以代表佛法的舍利弗与

第五章　劳度叉斗圣变

5-8-7　拉绳钉桩 ▶
劳度叉的宝帐岌岌可危，外道奋力拽绳、打桩。
五代　榆林窟16窟
东壁

5-8-8　扶梯撑帐　　　▶
劳度叉的坐帐倾斜欲倒，外道攀帐系绳、钉桩、扶梯撑帐，一片慌乱。
五代　榆林窟16窟　东壁

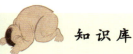

知识库

★ 灭佛

指中国佛教史上得毁灭佛法事件，佛教徒一般称为"法难"。大的灭佛事件有四次，即北魏太武帝灭佛、北周武帝灭佛、唐武宗灭佛、后周世宗灭佛，史称"三武一宗"灭佛。

第六章 宝雨经变

1·内容庞杂的《宝雨经》

《宝雨经》全称《佛说宝雨经》，即《大乘宝云经》，是印度大乘佛教经典。曾有四译。南朝时有两次译，名为《宝云经》及《大乘宝云经》，都是7卷。初唐达摩流支有一译，名《佛说宝雨经》，共10卷。宋代再译，有20卷。

经文主要讲东方莲花世界的止盖菩萨到伽耶山礼拜释迦牟尼，为利益、安乐、哀悯一切有情的众生，提出101条疑问，佛对每条疑问均答以十法，具体教示菩萨，若能成就十种正法，即得施、戒、忍、精进、方便、般若等圆满，就能迅速得道成佛。经文详说菩萨应具备的德行，具体教示菩萨以正法，故内容庞杂。佛对每问所回答的十法，多为一法一句，一句一义，有的在十法后再一一作一句解释，大多是抽象哲理和佛学教义。有的相当琐细，如卷八所述包括了如何受用三衣（僧人的三种衣服）、扫衣、受粪、乞食等。经文中有"于虚空中遍布大云，雨天妙莲花"等相似的经句，经文末止盖菩萨问佛："此法何名？"佛言："此名宝雨法门。"所以此经名《宝雨经》。

初唐达摩流支所译的《宝雨经》与以往的译本经义相同，然而"语甚怪异"。另一不同之处是在经文序品止盖菩萨向佛请问前多了一段文字："尔时东方有一天子，名曰'月光'，乘五身云来诣佛所。……佛告天曰：……我涅槃后最后时分复第四五百年中法欲灭时，汝于此赡部洲东北方摩诃支那国，位居阿鞞跋致，实是菩萨，故现女身，为自在主。经于多岁，正法治化，养育众生犹如赤子。"此即武则天称帝的所谓"佛记"。

敦煌遗书中有《宝雨经》第一、三、九卷残卷。第九卷是武周证圣元年（公元695年）的抄本，当时武则天已称帝。卷

报恩父母经典故事

6-1-1 菩萨调伏有情
《宝雨经》卷三说菩萨为救济众生,进行调伏(即教化)。画里绘数个姿态不同的倚坐弥勒菩萨、四臂梵天、三头六臂的大自在天、婆罗门、四天王、阿修罗、龙女、罗刹、男女行者等,还绘有火焚、坠崖、水溺、房顶跌落、蛇虎伤害等人世间的各种苦难。
初唐 莫高窟321窟 南壁

6-1-2 出离猛火
这是经文"出离诸有牢狱猛火炽燃"的体现。上面是罗刹调伏众生的画面。
初唐 莫高窟321窟 南壁

第六章 宝雨经变

未有题记,多武周新字。根据题记,可知译于大周长寿二年(公元693年),译者是达摩流支,监译者是与武则天关系甚密的大白马寺大德沙门薛怀义。同类题记还可见于日本东大寺正仓院藏《宝雨经》卷。经与题记对研究这一段历史有重要意义。

6-1-3 大象和比丘
这是《宝雨经》中菩萨遇狮虎象等诸兽哮吼而不惊怖的体现。面对两头大象,比丘情态各异,或惊恐万状,或镇定自若,反映出佛法修持程度的不同。
初唐 莫高窟321窟 南壁

6-1-4 畏怖调伏
这是《宝雨经》中菩萨调伏有情的反映。菩萨变现作罗刹鬼身,以怖畏调伏有情。罗刹鬼蓬头裂嘴,张臂挥舞,几个男子正被调伏训导。
初唐 莫高窟321窟 南壁

2·唐代为什么再译《宝雨经》？

唐代再译《宝雨经》是佛教为武则天称帝造舆论的。武则天在永徽六年（公元655年）被立为皇后，即开始参与朝政。高宗自显庆（公元656～660年）后，苦于风疾，百官奏事，政无大小，悉归武则天。高宗去世后，中宗继位，但次年（公元684年）即被废，武后临朝称制，预谋篡位，于是大造符瑞图谶。汜水中发现瑞石，各地方也"祥瑞"不断。敦煌遗书《沙州图经》卷三所记敦煌（唐代称沙州）的祥瑞达30条，其中武则天主政和当政时期的就有10条，有"瑞石"、"黄龙"、"蒲昌海五色"、"日扬光"、"白狼"等。这些"祥瑞"一经发现，即表奏朝廷，显然是地方官员为了奉承武则天而呈报的。公元690年，武则天称应符瑞，遵佛记，改国号为周，做了女皇帝。

武则天称帝后，为稳定民心，巩固权力，仍需进一步作舆论宣传。在武则天尚未称帝的载初元年（公元689年），薛怀义等就已献上改造后的《大云经》，沙门怀义、法郎等又造《大云经疏》，陈符命，说武则天是弥勒下生，当作阎浮提主。武周长寿二年（公元693年），由薛怀义总监译，达摩流支等重译《宝雨经》献上，经中对武则天"摩顶为授记"说得十分具体。经中佛言："东方月光天子，于赡部洲东北方摩诃支那国，实是菩萨，故现女身，为自在主。"东北方摩诃支那国，也就是印度东北方的中国。经中还说武后皇权神授的祥瑞征兆会在全国多次出现。由于再译的《宝雨经》中增加了这些内容，该经在当时大受赞赏，译者达摩流支亦大受武则天的敬重。

关于《大云经》、《宝雨经》在政治上的重大作用，武则天亲自组织重译《华严

6-2-1　东方月光女王
敦煌宝雨经变中的东方月光女王双手合十仰面礼佛，头戴髻珠，项佩珠环，绣襦长裙，富丽典雅。前有官女相引，后有文武臣从相随，一副帝王气派。
初唐　莫高窟321窟　南壁

经》的御制《序文》中有更明确的表述,言其称帝是前世有因。称帝的佛记和符命,有《大云经》的预言,改制称帝的征兆,又有《宝雨经》的记载。

此外,武则天登基后,堂而皇之地称为"授记神皇",以在世弥勒自居,改尊号为"慈氏(弥勒)越古金轮圣神皇帝",在朝会时摆设金轮七宝。而且为了利用佛教巩固政权,不惜兴师动众,开窟造像。由于朝廷提倡,遂致天下风行。现存一些石窟,就有当时建造的弥勒造像。莫高窟96窟就是当时建成的大云寺,内塑有高34.5米的弥勒佛大像。莫高窟321窟的宝雨经变,也是这一时期佛教为武则天称帝制造舆论的措施之一。

6-2-2 菩萨及众比丘 ▲
图为敦煌宝雨经变中的释尊右侧诸上首菩萨和16位比丘,最外一身菩萨背向佛尊。菩萨柳眉凤眼,隆鼻樱唇,云鬟高髻,博鬓抱面,长发披肩,络腋罗裙,裙裾曳地,应是唐代女子流行时妆的反映。
初唐 莫高窟321窟 南壁

敦煌之最

★ **敦煌最大的佛像**

莫高窟96窟塑有弥勒倚坐像,称北大像。像高34.5米,是敦煌的第一大佛。在开凿时首先凿出塑像的大致轮廓,然后又敷以表泥施以彩绘,即所谓的石胎泥塑像。莫高窟130窟中也塑有一尊弥勒倚坐像,称南大像。佛像通高27米,是敦煌第二大像。北大像的高度在全国也屈指可数。四川乐山大佛高71米,是中国第一大佛;四川荣县石刻大佛高52米,是中国第二大佛;北大像高34.5米,位居第三。但以室内泥塑大佛计,北大像则居全国第一。

6-2-3 北大像 (见114页图)
初唐造弥勒大像,像高34.5米,是敦煌第一大像,称北大像。据唐人《莫高窟纪》记载,大像造于延载二年(即证圣元年,公元695年),时值武则天时期。外建窟檐,即今九层楼。

3·宝雨经变如何图解经文?

目前所知,宝雨经变在现存中国石窟寺中只有一铺,即莫高窟321窟主室南壁的通壁经变,榜题文字已漫漶不清。据考证,它依据《宝雨经》绘制,是佛教附会政治,为中国唯一的女皇帝武则天称帝制造舆论而画的。

宝雨经变由横幅和主题两部分组成。横幅有两条,位于经变上部,仅占画面的1/5。上面的横幅是10铺说法图,似代表《宝雨经》的10卷,又或以1代10,表现止盖菩萨问佛101事,也可能是象征佛向止盖菩萨说1010法门,以1代100。

下面的横幅画了一条横贯全壁的带状云海,呈两端向中央流动回合之势,从浪花喧腾的大海中伸出一双巨手,一手擎日,一手托月,是这铺经变的点题之处,也是证明这

6—3—1 大云宝雨
上面横贯壁面的云海中,一双巨手分托日月,是武周新字"瞾"的图像化表达。下面背景为伽耶山,宝网华盖、璎珞、宝珠、乐器、宝瓶、花雨纷纷下降。
初唐　莫高窟321窟　南壁

第六章　宝雨经变

6—3—3　农夫作业和修葺塔寺
这是一幅农夫劳作的田园景象。山丘起伏，溪水起浪，耕牛悠闲地吃草，农夫在收割挑运。旁边有人在葺补佛塔，下部在修绘佛堂。
初唐　莫高窟321窟　南壁

铺经变据《宝雨经》绘制的主要依据。横幅云海比喻天空，一双巨手举托日月，为日月悬空，光明普照之意。这正是以具像会意之法，图解武则天的圣讳"曌" ★。

下部4/5为该经变的主题画，是佛在伽耶山说法和救诸有情等内容。壁面正中是序品，以佛在伽耶城伽耶山坐莲台上为大众说法为中心。释迦说法的上空有珠网宝盖，宝雨纷降，天花乱坠，隐含《宝雨经》的宝雨二字。佛座右下方有一位礼拜的妇女，即经上所说的东方月光天子"来诣佛所"，"顶礼佛足"，佛正给她"授记"。月光天子身后有文臣、武将、菩萨、扈从。

在序品周围通过描绘人间生活、地狱恐怖和佛国世界的情节，表现了佛经中许多抽象哲理和佛学教义，以说明、烘托经变的主题——武则天是菩萨的化身，弥勒在世。由于经文内容庞杂、事皆具体，经变的画者精心构思，集中选择一些与主题相关的内容，主要表现人生苦海无边，佛教信徒应供养三宝，超脱世俗，远离红尘，以及菩萨为救助人间有情出离苦海所进行的种种教化。如

| 报恩父母经典故事 |

6-3-5　长寿天女出行 ▲
画面山野中，戎装的长寿天女骑着高头大红马；后随兜鍪甲胄、高举牙旗的骑兵。
初唐　莫高窟321窟　南壁

6-3-4　礼塔、斋僧、诵经 ▼
着袈裟的比丘坐在左侧房内，房前人来人往，上面二人在礼拜佛塔。右侧房内信众在"书写、受持、读诵"经文。中间还有两女子在灯树下燃灯。
初唐　莫高窟321窟　南壁

左上方"修葺塔寺"、"诵经"、"燃灯"等画面，是表现卷一所述供养三宝。下面是描绘卷八中要求菩萨远离酒肆、淫舍、王家、博奕、醉徒、众戏、歌舞的场所。右面绘菩萨变化成四臂梵天、三头六臂大自在天、婆罗门、四天王、龙女、阿修罗、男女信众与居士等，及以爱语、危怖、系缚、杀害、打骂进行教化众生等画面，还有对地狱、火焚、跳崖、水溺、跌落等灾祸的描绘，都是表现卷三中菩萨现身说法教化、救护众生。还有卷七菩萨成为大商主，要经历的险路、智城等场面，占据

第六章　宝雨经变

6-3-5　爱语调伏
画中女子向男子表述情语，男子手牵女子的披帛，情意缠绵。
初唐　莫高窟321窟　南壁

了经变画的下半部。敦煌是唐代商人往来于中西的交通枢纽之地，敦煌人民的生活与商业贸易有直接关系，因此，贸易的繁荣和商人的往来，都渴望得到菩萨的护佑。宝雨经变中的这一情节正表现了敦煌的地方特色。

　　莫高窟321窟东壁门上绘三世佛，代表未来的弥勒佛，位处中间。意思是说过去佛已成过去，现在佛已涅槃，弥勒将继释迦而成下世的佛陀。南壁的宝雨经变表现人间苦难和救世主治世，北壁的阿弥陀经变表现西方净土世界的极乐和美妙。南北壁相对，说明武则天就是未来的佛弥勒，普渡众生，只有在她的正法治化下，才能到达西方净土世界。东、南、北壁特别彰显弥勒佛的地位，是为武则天歌功颂德的巧妙构思。

6-3-6　系缚杀害调伏
殿堂内坐判官，殿一侧有二彪型大汉正在行刑，另一侧跪着一被反缚者和一带枷者。
初唐　莫高窟321窟　南壁

报恩父母经典故事

▲ 6-3-7 蒙光受施
止盖菩萨变化成佛坐于云中,向下布施衣物、珠宝等,下界蒙光受施者伸手接受从天而降的布施。
初唐　莫高窟321窟　南壁

知识库

★ 曌

载初元年(公元690年)武则天所造新字,"太后自名'曌'"。"曌",音义均同"照","曌"字中含"日"、"月",表示日、月照临下土,"君临天下"。中国自古就有日为君、父、阳,月为臣、母、阴之意。武则天取"曌"为名,用意就是月与日可以同辉,女人也可以做皇帝。这些寓意也隐含在《大云经》和《宝雨经》中。《大云经》中"即是女身,当王国土"的"净光天女",是以"光"寓日月,"净"寓意空,也是"曌"的演绎。《宝雨经》中的月光天子,"现女身为自在主","曌"中含月,即是武则天以女身君临天下之意。

◀ 6-3-9 辩论
说法者高座屏床上,座前一袒臂沙门挥手与之辩论,周围有比丘、居士诸听众。
初唐　莫高窟321窟　南壁

| 第六章　宝雨经变 |

6—3—10　长城
这是途经旷野越过长城到达"智城"的情景。画中山峦迭嶂，长城蜿蜒，其间有房舍屋宇、关隘。对长城的描绘为莫高窟壁画所少见。
初唐　莫高窟321窟　南壁

6—3—11　智城
大商主越过艰难险路，可"善巧随顺往一切智城"，"得好财宝"。城关、城墙和街坊屋宇皆为汉唐式建筑，城内有着不同服装的各族人民在贸易。这是7世纪末丝绸之路上东西商贸交往频繁的真实反映。
初唐　莫高窟321窟　南壁

4·宝雨经变如何反映初唐气势？

莫高窟321窟的宝雨经变，宽5.38米，高4.75米，可谓恢宏巨制。不幸于1924年被美国人华尔纳（Langdon Warner）窃去了经变中心说法图左侧的两方画面，破坏了这铺经变的完整。但现存壁画仍不减初唐的气势和雍容华贵的风范。

整铺经变气势宏伟，布局合理。经变上方横贯全壁的一带茫茫云海，除点题之外，又将整铺经变分为上下两部分，将主题和内容自然分开。上面的主题部分画有十身说法图和纷纷降落的满天珠宝。这部

6-4-1 说法图 ▼
图下部的月光女王、止盖菩萨衣裙华丽、风度雍容；诸上首菩萨、天龙八部、比丘济济一堂，背向转侧，动静有致，俯仰顾盼，姿态生动。左侧有手托日月的罗淹阿修罗王、鸟嘴的迦楼罗、天王等头像，并不因其残缺而减少魅力。
初唐　莫高窟321窟　南壁

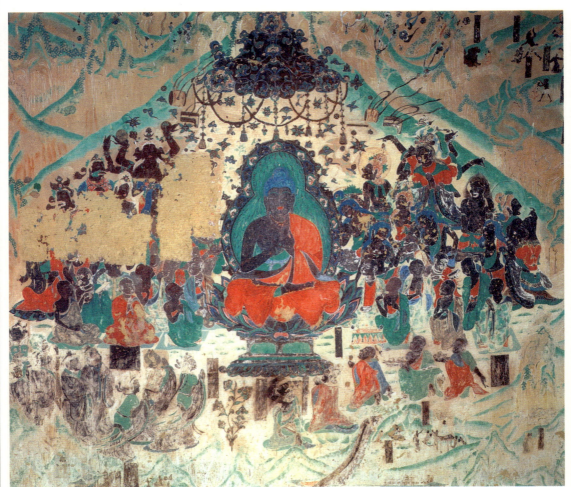

| 第六章　宝雨经变 |

分画面将经变依据的经文，经文的名称、卷数、主题以及主要内容，都用形象性的艺术手法表述，成为这铺经变的鲜明特征。

下面是经变的主要内容。整个画面以伽耶山主峰及崇山峻岭为背景，中心是佛在伽耶山说法，周围赴会听法的神众，组成一个向心结构。在两侧起伏的山峦中是大量生动的小画面，所有情节都与山岭的走势结合，山分割开大区域，又形成一些山重水复的小环境，人物都在群山环抱的峡谷和平川之中活动，山川与人物、建筑的结合自然和谐。经变下部山峦迭嶂，长城婉蜒于群山之中。这种布局将中国特有的鸟瞰式散点透视和显示地平线的焦点透视巧妙结合，具有强烈的空间感，将一望无际的空间，尽收眼底。

这铺壁画色彩丰富，色调和谐，鲜艳明快，是莫高窟初唐洞窟中色彩最富丽、绚烂的壁画之一，可以看到保存大体完好的色彩的原貌。赋彩、渲染技巧纯熟，人物、情景的描绘也极为细腻。四周内容丰

6-4-2　摩醯首罗天王
此身天王采用女性形象，面相丰腴，容貌娇娆，披长发，冠饰华美，6 手分着半臂和广袖红襦，半臂袖为绿色喇叭袖口。前二手合十，四臂上举，手持如意、铃铎、莲蕾等。
初唐　莫高窟321窟　南壁

富的小画面，不论收获、狩猎、大杂院等民众生活场景，或是河流山川、长城关隘、城市商旅及丝绸贸易等西北风光，或是火烧、坠岩、毒蛇、猛兽等人间苦难，还是阎罗王、狱城、行刑和刀山等地狱景象，都描绘细腻，情景动人。

唐代是中国历史上经济、政治、文化发展的高峰期，武后统治时正值唐朝社会上升发展之际。莫高窟321窟的宝雨经变代表了武周时期的艺术水平，为初唐杰作，盛

| 报恩父母经典故事 |

唐先声，在莫高窟初盛唐之际的壁画中有划时代的意义。雄奇豪放、清新绚丽的艺术风格，表现了生机勃勃、开拓创新的时代精神。

6—4—3 地狱畜生
画面左上部有翱翔的雉鸟、憩息的大象、饮水的骏马等，是悉获安乐的众生。下面的地狱，阎罗王据案问审，侧跪捧持文牒的狱吏，前为持刀牛头鬼押一带枷罪人，再下是沸油釜、铁蒺藜、刀山剑树、恶狗等。
初唐　莫高窟321窟　南壁

6—4—4 狩猎图
画中猎手们或张弓射杀，或策马追捕，或徒手捕捉，兔鹿惊惧奔窜。
初唐　莫高窟321窟　南壁

第六章　宝雨经变

6-4-5　大杂院
这一组画表现菩萨应"远避人间"一切烦恼。大杂院内左面房内有打架、争吵。屋顶上，佛因不堪忍受喧闹，乘云远离人寰而去。
初唐　莫高窟321窟　南壁

6-4-6　救苦难之施药医病
屋内两病人帷帽袍服，踞坐床上。一病人似在呕吐，旁侍立的女子，手捧药钵，伺候病人服药。另一病人旁站二人，似在诊断。
初唐　莫高窟321窟　南壁

第七章　戒律变和梵网经变

1·名目繁多的戒律

佛教诞生后，随着僧团的建立，出现了维护僧团秩序的戒律。戒律是根据发生的事逐渐形成的，随犯随制。遇到发生事故和疑难时，僧人请释迦裁决，他的决定被认为是戒律。印度早期佛教的戒律（律藏），是释迦去世后由比丘结集★，集体会诵释迦生前讲法时，由守戒第一的佛弟子优婆离诵出而形成。从佛教典籍上说，戒律是经、律、论《三藏》之一；从教义上说，戒律是戒、定、慧"三学"之首，在佛教里有重要地位。戒律的制定意义重大。个人方面，可使比丘修道，断烦恼，证涅槃，达到修持佛法的目的；整体方面，可维护僧团的纯洁，保证佛法的传播。

戒律分小乘戒、大乘戒。小乘佛教以

▶ 7-1-1　拒与女人行淫
这是初唐戒律画的一个画面。图左面为烈焰升腾的大火，火团的下侧一僧人正投火海。二女人拱手侍立，后随一侍童，右下方为一跪拜行礼之侍女。榜题："菩萨宁身投大火海中终不破戒受女（以下字残毁）"，表明僧人宁以身投火海，也不毁戒与女人行淫。
初唐　莫高窟323窟　东壁门南

报恩父母经典故事

7-1-2 拒卧具供养
这是初唐戒律画的一个画面。图左侧床上俯卧一僧人,伸左臂,以二指上指发誓。其下方二人持卧具。右侧一人拱手施礼。背后为有靠背的床。表现僧人宁卧大熟铁上,也不破戒接受供养的卧具。
初唐　莫高窟323窟　　东壁门南

在家、出家、男女等七众之别,制定五戒、八戒、十戒、具足戒等。八戒是在家教徒的戒,五戒是在家、出家信徒共持的戒,十戒、具足戒是出家弟子的戒。大乘佛教另制菩萨戒,有三聚净戒、十重戒、四十八轻戒等,在家、出家均可受持。对僧团法规、各种羯磨法(会议办事)、出家法、授戒法、布萨法(佛教徒定期的诵戒、忏悔的集会)、安居法、衣食法,以及个人品德行为、日常生活小事等,都有详细规定。

　　南北朝是由小乘戒到大乘菩萨戒的过渡期。公元400年左右,《四分律》、《五分律》、《十诵律》等小乘律相继译出。大乘菩萨戒在中土的传译始于鸠摩罗什。北凉昙无谶在敦煌译出《地持戒本》后,于姑藏(甘肃武威)授与道进等10余人,一时从受者一千余人。大乘菩萨戒由此才盛传于中国北方。大乘菩萨戒典籍甚多,《地持戒本》、《梵网经》、《菩萨璎珞本业经》是中国大乘菩萨戒的三个基本经典。其中,《梵网经》被大乘佛教视为大乘律第一经典,尤其是《梵网经》卷下的《梵网菩萨戒经》,又称《菩萨戒本》,是大乘圆戒所依据的戒本。大乘圆

7-1-3 据房舍供养
这是初唐戒律画的一个画面。图左立僧人,右立拱手施礼的施主,身后一人指着右上方的房舍。榜题"菩萨宁投热铁镬中终不破戒受信心房舍供养"。
初唐　莫高窟323窟　　东壁门南

戒为天台宗所主张,也称一乘戒、圆顿戒,即一度受此戒,则成为永久止恶修善的原动力,永不消失。

南朝梁、陈二代,受菩萨戒风气盛行。梁武帝、陈文帝均为菩萨戒弟子。梁武帝曾立戒坛受戒,又于天监十八年(公元519年)自发弘誓,于等觉殿受菩萨戒,太子公卿道俗男女从菩萨戒弟子。《续高僧传》载智顗"手度僧众四千余人……受菩萨戒者不可称记"。隋唐之际的天台、华严、法相宗均为菩萨戒的提倡者。由此可知受菩萨戒风气盛行于中国之一斑。

大乘菩萨戒在敦煌僧俗中也一直流行。敦煌遗书《出家人受菩萨戒法》有梁朝题记。北周写经《梵网经心地品第十》下卷有武成二年(公元560年)题记。《摩诃摩耶经卷上》题记是:"陈至德四年(公元586年)十二月十五日菩萨戒弟子彭普信敬造"等。从这些题记可以看到自公元6世纪以来菩萨戒在敦煌僧俗两界的流行情况。

初唐由于道宣的倡导,小乘戒经典《四分律》成为律的正宗,并分为三大派,即道宣、法砺、怀素三宗。《四分律》虽属小乘

7-1-4　拒礼拜供养
画面中二施主向僧人行礼,一人跪拜,一人作揖。前面的僧人,以手制止。僧人身后一人以铁锥击其身。据榜题是表现僧人宁被铁锥打碎身体,也不破戒受居士礼拜。
初唐　莫高窟323窟　东壁门南

戒,但文义通于大乘。当道宣在关中立戒坛时,四方诸州,大河南北,均依坛受戒,并遍及王室后宫、官员僚佐以至皂隶黎庶。怀素亦曾于成都立戒坛,从其受戒者甚众。道宣、法砺、怀素都活跃于初唐时期,当时研修戒律的大师尚有数十人。精研尽思,疏论蔚然成风。敦煌遗书中也发现有此三家的写本各数十号,多为戒律疏论。

报恩父母经典故事

7-1-5 拒食百味饮食

《梵网经》中提及为守戒而发十二誓愿。此图石窟中,一男子跪于僧人前面,抽拉其肠,肚子上流着鲜血,表现的是发誓愿不破戒贪食百味饮食。

五代　榆林窟32窟　西壁

7-1-7 授戒图 　　　　　　　（见162页图）

莫高窟454窟的梵网经变两侧配置多幅相似的授戒图。一佛二菩萨二弟子坐于供案后,寓意授戒的三师七证,供案前跪着受戒的僧俗信众,表现经中提出的十重戒和四十八轻戒。画面旁边都有面积很大的榜题。

宋　莫高窟454窟　北壁

7-1-6 拒好音声

图绘僧人俯首屈背倚坐床上,左手抚膝,右手持刀刺耳,鲜血喷射床上。这是十二誓愿中宁以铁锥刺耳,也不破戒听好音声的表现。

五代　榆林窟32窟　西壁

知识库

★ 结集

合诵（或会诵）、编纂佛教经典。释迦牟尼在世时,只有口头传诵的"说法",并无文字记载的经书。释迦牟尼逝世后,弟子们举行集会,对口述佛经进行会诵、甄别、审定,系统地把它们确定下来,即为"结集"。据佛教史料记载,先后共有四次结集。第一次在释迦牟尼逝世当年,在王舍城附近七叶窟举行,由迦叶召集、主持,诵出经、律二藏。第二次是在释迦牟尼逝世一百年后,由于对戒律问题发生争论,长老耶舍在毗舍离城召集,主要审定律藏。第三次在阿育王时期的华氏城举行,由目犍连子帝须主持,主要内容是批驳外道邪说,使古佛经最后定型。第四次有两说:一是北传佛教记载,迦腻色迦王时由胁尊者比丘发起的五百僧人在迦湿弥罗（今克什米尔）举行的结集;一是南传佛教记载,公元前1世纪在斯里兰卡阿卢寺举行的五百比丘结集,首次将巴利文三藏记录成册。此外,南传佛教关于结集还有一些不同说法。

2·宣扬大乘戒律的《梵网经》

《梵网经》属大乘佛教律典。主张众生依照共通之戒,并以佛性的自觉为特色。尤其是此经下卷《梵网菩萨戒本》,内容异于小乘律,出家、在家信徒均可受持,且为诸宗所通用,是中国汉地传授大乘菩萨戒的主要典籍,传统极为重视此经。

《梵网经》又名《梵网经卢舍那佛说菩萨心地戒品第十》、《梵网菩萨戒经》、《梵网经菩萨心地品》、《梵网经菩萨戒》、《菩萨戒经》等。后秦鸠摩罗什译,分上、下两卷,为历代大藏经所收。各本的卷数有诸多说法,据僧肇《梵网经序》所载,该经梵文原本共120卷61品,但鸠摩罗什仅译出关于菩萨戒位与戒律的第十品。此经注疏颇多,有十余家。在唐代由汉文译成藏文(略称《法大母经》),现存藏文大藏经甘珠尔内。

经名来自此经卷下,释迦在摩醯首罗天王宫,看到诸大梵天王的网罗幢时说:"无量世界犹如网孔,一一世界各不相同,别异无量,佛教门亦复如是。"就是说无量世界重重交错无相隔阂,诸佛之教门亦重重无尽,这是经名取喻梵网之意。

因为此经系卢舍那佛★本说、释迦菩提树下重说,故被认为属于《华严经》类。另外,因流传、译著者的史实不详,至隋《法经录》才有著录,编于疑惑录,且经文中所载多引用其它经典,经中有较鲜明的中国伦理思想色彩,因而也有人认为此经非译自梵本,而是由中国人假托佛

7-2-1 拒衣服供养 ▼
画面上右立双手合十僧人,前面二施主供养衣物,态度恭敬,持物的仆童静侍于后。榜题为:"菩萨宁以熟铁镬身终不破戒受信心衣服供养。"是反映十二誓愿的内容。
初唐 莫高窟323窟 东壁门南

165

7-2-2 拒贪美味
这是初唐戒律画中的一个画面。方形床台上放食物，床台左立男女施主。右面僧人举右手，以示拒绝。僧人后面侍立一仆人。榜题文字不清，应是表现十二誓愿之一的"宁以利刀割裂其舌，不以染心贪着美味。"
初唐　莫高窟323窟　东壁门南

经·圣行品》所载一致等。另外，《梵网经》的若干戒条强调孝道，宣扬"孝名为戒"，"孝顺父母三宝师僧、孝顺至道之法"，很符合中国的伦理思想和佛教界的生活习惯，有利于该经的传播。《梵网经》的十重戒、四十八轻戒，不论出家在家，皆可受持，戒律精神的平等圆融，缩短了僧俗的距离，而瑜伽戒要求先受小乘七众戒有成，方能受持菩萨戒，比梵网戒严格。因此《梵网经》比《瑜伽戒本》更易被人接受。隋代，随着智𫖮的讲说弘扬，《梵

所说伪撰的，编撰时代约为南朝刘宋末。

《梵网经》内容与其它经律有很多相合之处。如戒条与北凉译《地持戒本》、南宋译《菩萨善戒经》相类；轻戒第36条中的十二愿与《大般涅槃

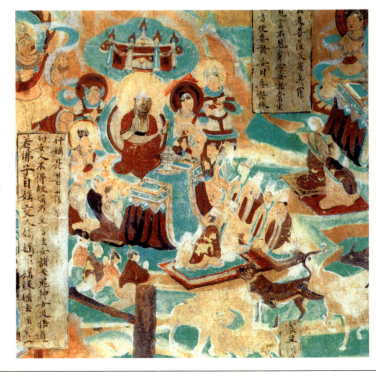

7-2-3 授戒图
据榜题这幅授戒图是宣讲十重戒中第三条淫戒的。供案后是一佛二菩萨一弟子，后立有护卫的二神将，旁边还有几位高僧。案前受戒者为王者、夫人和王子，官宦、百姓分列于两旁。
宋　莫高窟454窟　北壁

第七章 戒律变和梵网经变

网经》在出家僧众中遂占了很大优势，而《瑜伽戒本》传布不久，即随着唯识宗的消沉，华严等宗的兴起，而受到冷落。出家比丘在受具足戒的同时也受菩萨戒，都依《梵网戒本》。《梵网经》的影响直至宋、元以后，汉族各宗出家比丘菩萨戒在中国的流传多依此经的菩萨戒本。

现知敦煌遗书中共出土《梵网经》残件160件左右，数量极多，可以看出敦煌的菩萨戒以《梵网经》为主流。遗书中还有许多菩萨戒仪方面的资料，包括受戒仪轨、羯磨作法、布萨法及菩萨戒牒等文书。粗略统计，近50件主要的戒仪文书中，梵网经系的菩萨戒仪所占的比例最大。《受十无尽戒》是梵网戒系菩萨戒仪的最初形式，《大乘布萨文》、《大乘布萨维那文》、《菩萨唱导文》等文书全是附随梵网戒系的菩萨戒仪，所诵的戒本就是别称《梵网菩萨戒本》的《梵网经》。另外，还有近40件文书与证明受戒的戒牒相关，包括八关斋戒牒、菩萨戒牒、五戒牒等。《受十无尽戒牒》等文书列出的十重戒条与《梵网经》相同，可知这一时期授戒依据的戒本是梵网戒系。从一些布萨、羯摩文书来看，敦煌佛教寺院举行半月布萨的行事规则，所诵戒律，也是依据梵网戒本。敦煌石窟的梵网经变即依据《梵网经》而作。

从敦煌遗书中大量《梵网经》的出土，可知敦煌律典一大特点就是从5世纪后半至10世纪，《梵网经》一直流行，并成为中国佛教律典的中轴。宋、元以后汉族各宗出家比丘、菩萨戒多依此经的菩萨

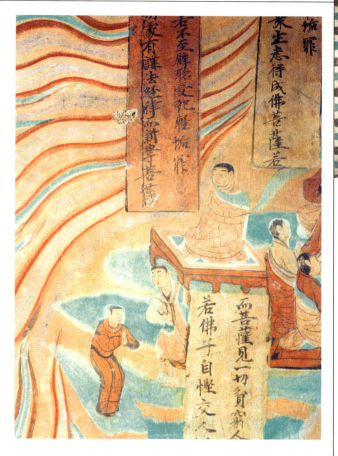

7-2-4 讲法律僧人
按榜题属轻戒第七条不受经律罪。此戒是说当有法师宣讲律藏时，一切新学菩萨必须去听讲，若不去者就犯轻垢罪。画中高僧坐于高床上说法，侧立一僧人和合十男子正在听受经律。
宋　莫高窟454窟　北壁

报恩父母经典故事

7-2-5 拒医药供养
《梵网经》中所录四十八轻戒第36条是十二誓愿。图绘僧人右手托钵,一男子双手托盘跪于床前,表示不破戒接受医药供养。
宋　莫高窟454窟　北壁

7-2-7 授戒图
莫高窟456窟的授戒图以一佛二菩萨和一受戒者的形式组成,表现梵网经中宣讲的十重、四十八轻戒。
宋　莫高窟456窟　北壁

7-2-6 拒礼拜供养
僧人举铁锤砸右腿。一男子双手托盘跪于床前。表现《梵网经》十二誓愿之一。
宋　莫高窟454窟　北壁

知识库

★ 卢舍那佛

梵文Losana的音译,即大日如来。华严宗认为卢舍那与毗卢遮那分别为音译的略称与全称,为释迦牟尼的报身佛,表示证得了绝对真理获得佛果而显示了佛的智慧的佛身,而毗卢遮那为释迦牟尼的法身佛,二者被视为二种佛身而加以区别。

| 第七章 戒律变和梵网经变 |

戒本。流传至日本，也为日本佛教界所重视。日本一直流行讲说读诵《梵网经》。

3·敦煌戒律画如何发展？

敦煌的戒律画可分为三个时期，表现了戒律在各时期的作用，也反映了佛教在中国的兴衰。早期演绎某一条戒律的故事画，中期是组合式戒律画，最后发展成为整铺的经变画。早期的戒律画是以本生因缘故事的形式出现，为僧侣树立舍身守戒的正面楷模，以僧侣的自律为主，画面上对故事情节进行铺陈渲染。中期的做法，可见于唐代323窟的戒律画中，将十二誓愿中要守持的禁戒，即女人、美味、房舍等内容，客观地表现出来。唐代是中国佛教的鼎盛时期，在守持戒律方面给予僧侣警示，是劝导说教式的，而晚期的梵网经变不仅将十重戒以说戒的形式一一列出，并形象地表现十二愿中为守戒宁可自残的方式，也就是当时佛教衰落，戒律严重松

7-3-1 沙弥守戒自杀缘故事画
图绘少女求爱、沙弥自杀、少女向父亲哭诉等情节。画面采用该时期新出现的连续绘画形式，令故事表达得更流畅。
北魏　莫高窟257窟　南壁

| 报恩父母经典故事 |

7-3-2　莫高窟323窟东壁
在东壁门南及北侧，绘两幅组合式戒律画。这种持戒发愿图是戒律画的中期表现形式。
初唐　莫高窟323窟　　东壁门南

懈，要教育僧侣信徒，仅靠说教而使自我觉悟已无济于事，于是在画面上更表现僧侣破戒将要受到的惩罚及报应，那些挑目、割舌、断腿等血淋淋的自残画面具有威胁和恐吓的作用。

北朝时期菩萨戒虽已盛行，但壁画并不丰富。敦煌早期壁画多以本生因缘故事为主题，戒律画的题材也采用流行的《贤愚经》因缘故事为蓝本。莫高窟见于北魏257窟和西魏285窟沙弥守戒自杀缘故事画，是依据北魏译《贤愚经·沙弥守戒自杀品》绘制的。讲述一沙弥为守持禁戒，拒绝一女子求爱，自刎身亡的故事。故事中的僧人宁舍身也要严守戒律，这是作为修六度之一的守戒来表现的。敦煌北朝洞窟出现这类与戒律相关的因缘故事画，因为北朝时期寺院、僧尼人数激增，僧风败坏，戒律松弛。

初唐时期，莫高窟壁画以净土为主，戒律画是新题材，形式及题材出现变化。莫高窟323窟将戒律用组画的形式表现。该窟建于初唐武则天载初元年（公元689年）

第七章 戒律变和梵网经变

前后。戒律画是一组以僧人为主角的组画,每幅画附榜题一方。因题记文字多已漫漶不清,仅可辨认出数条。据榜题文字,这组壁画皆属于发愿严守戒律的内容,既各自独立,又互相关连。此组戒律画依据《大般涅槃经》绘制,榜题也与《涅槃经》一致。内容主要是《圣行品》中的十二誓愿,如宁以身投火坑而不淫,宁以热铁缠身而不受施主的衣服供养,还有不受施主饮食、床座、医药、房舍、礼拜供养,以及不好色、不好音声、不贪诸香、不贪美味、不贪诸触,都是宁自残身

7-3-3 窟门南侧的戒律画 ▼
据榜题,南侧现存画面共六幅,分上下两排,内容是持戒十二愿。下部画面和榜题大部被西夏画面覆盖。
初唐　莫高窟323窟　东壁门南

报恩父母经典故事

7-3-4 拒饮食供养
榜题:"菩萨宁身投热铁洹终不破戒受信心饮食供养。"表示僧人宁可口吞熟铁丸,也不敢毁戒吃施主供养的饮食。画面右为僧人,左立二人,一人捧食物作供养状。
初唐 莫高窟323窟 东壁门南

7-3-5 拒医药供养
一人右手牵僧人袈裟,举一鞭状物欲打。右为合十施礼的施主。下方一人跪着捣药,一人持钵供养。表示僧人宁身受铁鞭挞,终不毁戒接受医药供养。
初唐 莫高窟323窟 东壁门南

7-3-6 窟门北侧的戒律画
整铺画面以山岭作背景,共绘4个戒律画面,分3排,存榜题8方。下部还有2方榜题及画面已被西夏坐佛覆盖。画面中间的一块被美国人华尔纳黏去,只余左侧女人双手合十,后立侍者。从残存榜题来看,是表示僧人宁以熟铁挑其两目,也不观视女色。
初唐 莫高窟323窟 东壁门南

172

第七章　戒律变和梵网经变

7-3-7　拒听好音声 ▲
这是表现经文"宁以铁锥遍身搛刺，不以染心听好音声"，榜题不存。前二人吹管箫奏乐，后二人作舞蹈状。右面的僧人，举右手，表示拒绝观视。
初唐　莫高窟323窟　东壁门南

7-3-8　不观争斗 ▶
榜题不存，据画面似为终不观"男斗女斗"的表现。画面中有两人正在争吵，两人中有一僧人，表现僧人应远离身口诸恶。
初唐　莫高窟323窟　东壁门南

体而不破禁戒的誓愿。该铺组合式戒律画是大乘菩萨戒在敦煌传播的具体表现。

4·为什么出现梵网经变？

唐初，律宗大师道宣倡导《四分律》，出现了健全僧伽制度的守戒运动。唐代中后期，政府推行度僧政策，僧伽制度流传更为兴盛。在此背景下，中国佛教在僧伽制度方面出现的新特色，唐到宋初，敦煌的律寺制度也出现了新变化。这一时期的敦煌遗书、壁画题记和经变画中保存了丰富的史料，不仅是探讨敦煌佛教的珍贵资料，对唐宋时期中国佛教的研究也有重要意义。

敦煌遗书和壁画题记中有大量关于当时佛事活动的记载。据研究，唐武宗毁佛后，重建佛寺，中原按大乘思想建立的"方等戒坛"也陆续见于敦煌。唐后期到宋初，沙州都僧统司设置的方等道场就是受戒道场，广度僧尼。归义军政权十分重视在戒坛上主持或参与授戒的临坛大德。从公元9世纪中叶起，沙州高僧被唐朝授予京城内外临坛大德称号后，敦煌文书中屡见官许戒坛

7-4-1　帝释天和四天王 ▼
前面的帝释天褒衣博带，合十听戒。旁有榜题"十八万天帝释来听此会时"。后面是四大天王。
五代　榆林窟32窟　西壁

| 第七章　戒律变和梵网经变 |

7-4-2　拒贪好触
经文曰："复作是愿宁以利斧斩斫其身，终不以破戒之心贪着好触。"僧人左手扶膝，右手举刀斫左手腕，血浆喷洒。
五代　榆林窟32窟　西壁

藏的职责。毗尼藏主、都毗尼藏主的称号也在这一时期的遗书中出现。这些都反映出道宣弘扬的《四分律》在敦煌的流行。尽管《四分律》来自小乘教典，但在后来的实行中，"不拘根缺缘差"的大乘佛教思想据有主导地位。敦煌当时以大乘菩萨戒为主导的佛事活动很盛行。

随着大乘戒律的传播，至五代时期，敦煌石窟出现了依据大乘菩萨戒的主要经典《梵网经》下卷绘制的整铺经变。现存梵网经变共三铺，绘于榆林窟32窟、莫高窟454窟和莫高窟456窟。

榆林窟32窟窟室中心置方形佛坛，梵网经变绘于正壁（西壁），窟内其它数幅壁画也与梵网经变密切关联。窟顶东南、东北隅分别绘月光明如来、日光明如来。这两幅日月如来，表示卢舍那佛现身说戒时，日月天在上空出现。东壁门南、北两侧分绘文殊师利、普贤菩萨各率众眷属天人乘云来赴会听戒。北壁是维摩诘与文殊菩萨论法。敦煌遗书一些戒牒中受戒者奉请的三师

及官授临坛大德之称号。从莫高窟98窟供养人题名看，曹议金任归义军节度使期间任命的临坛大德约35人，其中更高一级的临坛供奉大德约20人。而且在五代以后临坛供奉大德或临坛大德往往同时带有毗尼（律）藏主的称号。毗尼藏主是主持管理守护毗尼藏的职衔，既可以在戒坛上主持授戒，亦在律寺中负有保存和传承毗尼（律）

七证就有文殊菩萨。几壁相映,说戒气氛浓厚。由这种布局来看,此窟可能曾作为当时广度僧尼的戒坛,而正壁的梵网经变可能就是当时"临坛大德"现场讲戒说教的挂图。

莫高窟454窟属大型洞窟,位于窟群中段的第3层。主室北壁东端绘梵网经变,有经变榜题61方,大多数完好。榜题数量之多,保存之完好,实属少见,也为辨识另外两铺经变的内容提供了可靠依据。榜题内容与《梵网经·卢舍那佛说菩萨心地品第十》卷下的经文吻合。

莫高窟456窟位于454窟之南,仅隔一隋代残龛。原是北周开的小型洞窟,五代时将西壁佛龛改凿扩大成盝顶帐形龛。整窟抹泥重绘,壁画多在宋初涂色重描。北壁通壁绘梵网经变,构图形式与454窟基本相同,可惜东半壁壁画残损,且烟熏严重。榜题仅可辨识个别文字。

就目前所知,梵网经变不见于中国其它石窟,是研究佛教戒律的重要资料,非常珍贵。

7-4-3 西域王子
榜题为"十六大国王、王子来听此会时"。画面上一西域国王及王子在大臣侍者的伴随下出城听戒。他们戴毡帽,锦袍的领袖衣裾以锦绣镶边,有的束革带,穿皮靴。前面的侍从则袒上身,斜披帔帛,着犊鼻裤。
五代 榆林窟32窟 西壁

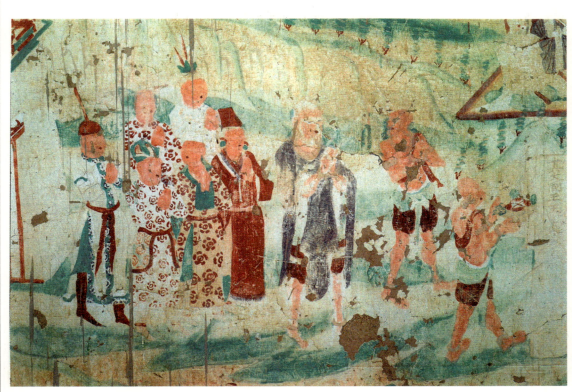

| 第七章　戒律变和梵网经变 |

7-4-4　梵网经变
这是敦煌石窟大乘戒律最完整而又宏伟的经变。
宋　莫高窟454窟　北壁

7-4-5　听戒百官
前来听戒的官像等级分明。头戴笼冠、宽袍大袖、手执笏板、位至三公的高官在前，而戴襆头、身着窄袖长袍、双手合十的普通官员列后。
宋　莫高窟454窟　北壁

报恩父母经典故事

7-4-6 赴会神众 ▲
天空中朵朵浮云上各坐一佛二菩萨，一坐佛或菩萨，或飞天托盘穿梭其间，由远而近飞翔而来。这都是来自天宫的赴会神众。
宋　莫高窟456窟　北壁

7-4-7 听戒帝王 ▲
这是震旦国皇帝率群臣来听戒。"震旦"是古印度人对中国的称呼。由于中国古代以左为尊，故此画面位居说戒会之左。皇帝头戴冕旒居前，身后的侍从手执障扇，僚臣簇拥。
宋　莫高窟454窟　北壁

敦煌之最

★ 敦煌最完整的梵网经变

莫高窟454窟主室北壁东端绘梵网经变，场面宏大。说戒会纵贯上下，上面两侧排列授戒图，中间是听戒神众、僧俗，下面两角是十愿戒画。上部的天宫天空辽阔，说法佛位于中央，显示天上、人间的分界线。中下部是赴说戒大会的神众、帝王、群臣、僧侣、善男、信女及禽兽六畜等。此铺经变不仅是敦煌石窟最完整的梵网经变，也是现存中国大乘戒律中最完整、最宏伟的经变。

7-4-8 授戒图 ▶
供案后是一佛二菩萨和一牛头神将，供案上置净瓶，供案前跪一受戒者。牛头神将耳朵高耸，威风凛凛。
宋　莫高窟456窟　北壁

第七章　戒律变和梵网经变

5·梵网经变绘了哪些内容？

梵网经变由序言、授戒图和四十八轻戒组成。莫高窟454窟和榆林窟32窟，基本内容相同，莫高窟456窟没有画四十八轻戒。现以莫高窟454窟为主，简述各部分内容及各窟之异同。

第一部分体现经文序言，位于整铺经变的中央。绘卢舍那佛跌坐于须弥莲花台上，座周每片莲瓣上各坐一释迦佛。这就是经文中卢舍那佛所说"我是卢舍那，方坐莲花台。周匝千花上，复现千释迦。一花百亿国，一国一释迦"的体现。卢舍那佛宝髻上升起的七朵云中，也各坐一佛。这是卢舍那佛所说的"我化这千释迦据千世界"。七佛上画几组乘云赴会的佛和菩萨，画面顶部是摩醯首罗天宫，宫中有佛、弟子、菩萨，以体现释迦"至摩醯首罗天王宫"。榆林窟32窟无天王宫，天空的浮云中各坐一佛，是经文"千百亿释迦是千释迦化身"的体现。

卢舍那佛两侧上下分列几排听戒的八部神将、金刚和菩萨。卢舍那佛所坐莲花台座前是供案香炉，右边是"释迦牟尼初坐菩提树下说戒"。最下面是莲花座方形经变榜牌，写序言中一段偈颂文。供案、偈文榜牌两侧是跪着的弟子、天王、帝释天、梵天等其它神众和比丘、比丘尼，后面站着帝王群臣及西域各国王和王子，再后是扶老携幼的善男信女以及禽兽六畜等，都是赴说戒大会谛听受戒的。此即经文"若受佛戒者，国王王子、百官宰相、比丘比丘尼、十八梵天、六欲天子、庶民黄门、淫男淫女、奴婢、八部鬼神、金刚神、畜生乃至变化人，但解法

7-5-1　莫高窟454窟梵网经变示意图
①序言②授戒图③十二誓愿

7-5-2 卢舍那佛 ▶
卢舍那佛居中,身着法衣,两手作法界定印。趺坐的千叶莲台,每枚花瓣上坐一释迦。宝髻升起的7朵云中,也各坐一佛。佛髻化现出的七化佛,是辨识梵网经变的重要标志。
宋　莫高窟454窟　北壁

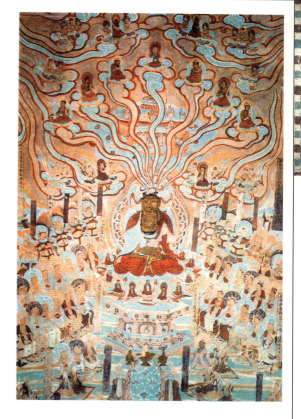

师语,尽受得戒"的艺术描绘。

第二部分是授戒图,位于经变左右两侧。绘十重戒、四十八轻戒,大都采用一佛二菩萨二弟子和一高僧一受戒者的授戒图形式。画面都有很大的榜题,墨书戒条。其中9组画面用10条榜题表现了十重戒。十

7-5-3 摩醯首罗天宫 ▼
释迦牟尼佛从摩醯首罗天王宫下降阎浮提赴会说戒。画中仙阁群楼,云雾缭绕,神众乘云而至。四周莲花盛开,表示"初现莲花藏世界"。宫殿中央的释尊正在说法,门外还有四个环髻高耸、两鬓包面的侍女拱手而立。
宋　莫高窟454窟　北壁

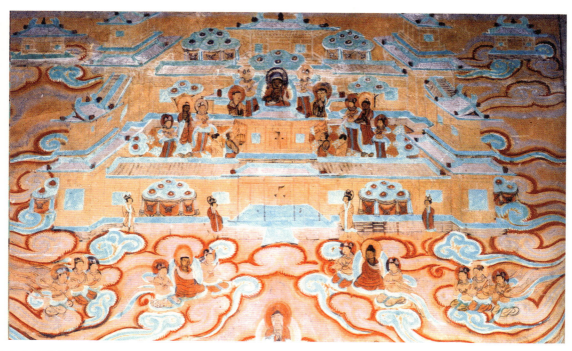

重戒顺序为：杀戒、盗戒、淫戒、妄语戒、酤酒戒、说四众过戒、自赞毁他戒、悭惜财法戒、沦不受诲戒、毁谤三宝戒。僧尼犯此十重禁戒者就构成破门罪，将丧失佛教徒的资格。轻戒有22组画面，其中一组画面为劝学轻戒经文内容，另有10组表现了轻戒的11条戒，包括第2条饮酒戒，第3条食肉戒，第4条食五辛戒，第5条不教忏悔戒，第7条不听受法戒，第9条见病不救戒，第10条蓄诸杀具戒，第14条放火损烧戒，第24条弃正从邪戒，第36条不发誓自要戒，第38条坐无次第戒。

7-5-4 听戒菩萨和神王
上排是八部神将分立护卫，下两排是前来听戒的菩萨，合十坐于胡床上。下面供案旁边有一佛二弟子正合十胡跪。
宋　莫高窟454窟　北壁

莫高窟456窟西侧现存授戒图8幅，多是一佛二菩萨授戒和一僧人受戒的组合图。若以西侧布局为据，这幅经变东侧亦应是8幅授戒图。榆林窟32窟南北两侧上层的授戒图幅数相当，可惜大多已剥落漫漶。

第三部分的画面仍是四十八轻戒的内容，属第36戒中的十二誓愿，内容与初唐323窟的戒律画基本相同。莫高窟454窟的十二誓愿绘于经变的东西两下角，从残存的画面和榜题来看，只画了十二愿中的十愿。两角分画5组不同的誓愿画面，每组各画一僧倚坐胡床上，一男子托盘跪于床前。坐在胡床上的僧人以不同方式自残伤身，或作其他动态，表现因守戒而发的十种

7-5-5 听戒比丘和比丘尼
比丘、比丘尼分列两排,合十听讲菩萨戒。
宋 莫高窟454窟 北壁

种誓愿,表现形式与初唐323窟截然不同。

榆林窟32窟的十二誓愿绘于授戒图与僧俗听众之间,南面有5组画面,北面除中层较清楚的4组画面外,上面也有几组,由于部分画面剥蚀,只能辨识出9组画面,大多与莫高窟454窟的内容相同。莫高窟456窟没有画守戒誓愿的内容。

7-5-6 禽兽六畜
狮、马、象、虎、牛等畜牲从山林中赶来听戒。
宋 莫高窟454窟 北壁

7-5-7 拒视美色
僧坐床上，举刀挑目，一男子托盘跪侍床前。
宋　莫高窟454窟　北壁

7-5-8 拒嗅诸香
僧人跪于床上，持刀割鼻，一男子双手托盘跪于床前。
宋　莫高窟454窟　北壁

| 第七章　戒律变和梵网经变 |

7-5-9　不视美色
僧坐床上，举刀挑目，一男子托盘跪侍床前。画面以石窟为背景，表明这是山中禅修的僧人。
五代　榆林窟32窟　西壁

7-5-10　拒嗅诸香
树下一僧人坐于床上，持刀割鼻，鼻子和嘴上都是鲜血。
五代　榆林窟32窟　西壁

6 · 梵网经变为什么是敦煌画院的杰作?

五代开始,敦煌石窟艺术已不如早期的生机勃勃和兴盛期的绚丽多彩,但在内容、题材、形式和技法上仍有发展。梵网经变就是这一时期的代表作之一。

曹氏归义军时期,设立了画院,有一批专门从事开窟造像、绘制壁画的人材。由于有技艺纯熟的匠师统一规划,集体制作,所以五代、宋时期开凿的石窟具有独特而又统一的风格。榆林窟32窟和莫高窟454窟的洞窟形制,是这一时期敦煌石窟的典型样式。

两窟的梵网经变构图严谨,布局均衡,保持了对称的传统风格。对抽象的戒条,画师尽量选择一些可以用形象表现的内容。尤其是听法场面生动,人物逼真,技法细腻。但在构图、技法以及风格上有一定的差异。

榆林窟32窟的梵网经变是横长方形画面,高2.13米,宽5.8米,画面宽广疏朗,构图活泼,色彩清新。尤其是说法场面气势雄伟,从南到北横贯壁面,听法的

7-6-1 榆林窟32窟内景
此窟佛像背后的西壁绘梵网经变,窟中形制及所绘壁画可能与说戒活动有关。
五代　榆林窟32窟　西壁

| 第七章　戒律变和梵网经变 |

神众，扶老携幼渡河的信众，
从山林涌出的畜群，正在走出
皇城、头戴七星冕旒的皇帝和
紧随其后的群臣等，络绎不
绝。南北两端皆以山水树石为
背景，上下大体可以分为三
层。山水既作人物背景的点
缀，又是不同内容的间隔。整
铺壁画的人物、山水、建筑，
并无远近大小区别，使人物与
景物自然结合，浑然一体。

莫高窟454窟的梵网经变
呈纵长方形，中央纵贯的说戒会，占总面
积2/3多，是天界与人间的分界线。卢舍
那佛坐在高高的莲花台座上，周围是赴会
神众，佛髻上的七化佛、赴会菩萨乘云驾
雾，天王宫也在茫茫云海之中。两侧授戒
图以山岭为背景，鳞次栉比自上而下排
列，既显示出天空辽阔，穹
苍浩淼，也表现出说法会的
盛大壮观，使莲台上的佛和
天界的授戒图居高临下，给
信众一个佛法高大无边，人
间世界渺小的视觉感。又将
血淋淋的十愿戒画，安置在
与人等高的东西两下角，使
说戒会的气氛庄重而惨烈。
整铺画面构图紧凑，色泽凝

7-6-2　授戒图　▲
这种组合形式较为特别。供案后是一佛二菩萨二弟
子，左右有五个临坛授戒的高僧。供案前是一男一
女受戒者。
五代　榆林窟32窟　西壁

7-6-3　帝王臣子　▼
位于经变的左下角，可见汉族皇帝戴七星冕旒，穿
衮服，昂首阔步，走出皇城前往听戒。前面大臣恭
迎，侍从开道。后面群臣手执笏板，排列有序，谨
慎相随。
五代　榆林窟32窟　西壁

187

7-6-5 不受礼拜
一僧人左手扶膝,右手举斧斩斫膝盖,血喷洒于地。
表示宁以铁锤砸碎身体而不破戒受施主礼拜。
五代　榆林窟32窟　西壁

| 第七章 戒律变和梵网经变 |

7-6-6 听戒神王
这些护卫神将毛发耸立，青面獠牙，环眼暴珠，面目狰狞。或合十拱立，或手执兵器，或左右顾盼，在整齐严谨的神众中，显得与众不同，显示出神将雄伟彪悍、无所畏惧的特征。
宋　莫高窟454窟　北壁

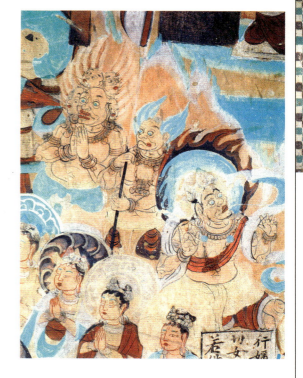

7-6-4 禽兽六畜
榜题是"尔时一切禽兽六畜来听此会时"。画中有牛、虎、狮、马、狼、羊、鹿等，牛的雄健，鹿的警觉，虎的威猛，狼的灵敏，被描绘得活灵活现。
五代　榆林窟32窟　西壁

| 报恩父母经典故事 |

7-6-7 老少民众
扶老携幼的贫民也来听戒。一老妪和一拄杖老翁,步履蹒跚。这些贫民身着布衣,襆头长衫,素色无纹饰。
宋　莫高窟454窟　北壁

重。由于铅丹、朱砂、赭红等红色颜料氧化后变成了茶褐色,再加烟熏而发黑,显得清冷、肃穆。榜题面积大,既可作画面分界,也利于题写不便用形象表现的整段戒条。

由于画院绘制壁画,分工明确,各司其职,敦煌梵网经变难免出现程序化的弊病。如构图略显拘谨呆板,授戒图人物千人一面,几无生气。再加有些抽象的义理戒条很难以视觉形象表现,只能用千篇一律的授戒图形式,配合榜题说明。另外,在画匠完成壁画后,由"知书手"书写榜题,有些书写者对经文或画面不熟,常有榜题与画面情节不符的现象。但总体而言,这两铺巨幅经变以新的形式表现了新的内容,不失为当时画院的杰作。

7-6-8 拒好音声
僧人在割左耳,一男子双手托盘跪于床前。
宋　莫高窟454窟　北壁

| 第七章　戒律变和梵网经变 |

7-6-9　拒百味饮食
僧人双手合十，腹开一孔，一男子跪床前双手抽拉其肠。
宋　莫高窟454窟　北壁

附录　敦煌大事记

历史时代	敦煌行政建置	敦煌地区大事记	世界文明地区大事记
汉　西汉 　　新 　　东汉 （公元前 111～公元 219 年）	敦煌郡敦煌县 敦德郡敦德亭 敦煌郡	公元前 139 年张骞出使西域，历 13 年，获大量西域资料； 公元前 127 年，卫青、霍去病出击匈奴，历时 8 年，河西走廊归入西汉版图，敦煌成为通西域的门户； 公元前 111 年敦煌始设郡； 公元前 119 年，张骞再次出使西域； 公元前 69 年大族张氏自清河迁敦煌，家于北府，号北府张氏； 公元 16 年大族索氏自钜鹿迁敦煌，号南索； 公元 23 年隗嚣反新莽； 公元 25 年窦融据河西，恢复敦煌郡名； 公元 73 年班超出使西域，汉与西域断绝 65 年后恢复通好； 公元 97 年，东汉使节甘英到达波斯湾； 公元 120 年东汉置西域副校尉，主管西域事务，治所设在敦煌，敦煌成为中原王朝统治西域的军政中心。	公元前 174 年大月氏部落离开中国西部，迁往中亚； 公元 52 年贵霜帝国建立，统治中亚地区及印度北部，成为与中国、罗马、波斯并列的四大帝国之一； 公元 60～200 年印度编成《般若经》、《法华经》、《华严经》、《无量寿经》等大乘佛教经典。
三国 （公元 220～265 年）	敦煌郡	竺法护游历西域，携佛经东归，在长安、敦煌、洛阳传教译经，被称为"敦煌菩萨"。	公元 226 年波斯萨珊王朝建立； 公元 229 年贵霜王遣使到中国； 公元 242 年波斯人摩尼开始传教。
西晋 （公元 266～316 年）	敦煌郡	出现索靖、索袭、宋纤、氾腾等一批名儒。	

续表

十六国 （公元317~439年）	前凉 前秦 后凉 西凉 北凉	沙州、敦煌郡 敦煌郡 敦煌郡 敦煌郡 敦煌郡	公元320年，竺法护弟子竺法乘在敦煌立寺延学； 公元336年，始置沙州； 公元366年，沙门乐僔在敦煌莫高窟修建第一个洞窟； 公元384年，苻坚徙江汉民众到敦煌； 公元400~405年，为西凉国都； 公元413年，中天竺名僧昙无识到敦煌译经弘法。	公元320年，印度笈多王朝建立； 公元339年，波斯禁基督教； 约公元4世纪，印度教形成； 公元422年，波斯下禁基督教之令。
北朝 （公元439~581年）	北魏 西魏 北周	沙州、敦煌镇、义州、瓜州 瓜州 沙州鸣沙县	公元444年，置镇，公元516年，罢为义州，公元524年复瓜州； 公元530年，东阳王元荣在莫高窟修造佛窟； 公元563年改鸣沙县，至北周末； 公元571年，瓜州刺史、建平郡公于义在莫高窟修造佛窟。	公元455年，波斯萨珊王朝遣使到中国； 公元518年，波斯与北魏通使； 公元521年，龟兹王遣使致书南朝的梁朝，赠送方物。
隋 （公元581~618年）		瓜州敦煌郡	公元601年，隋文帝诏天下诸州建灵塔，送舍利至瓜州崇教寺（莫高窟）起塔； 公元609年，隋炀帝巡幸河西，会见西域诸国可汗，并派人到敦煌造寺修塔，三十多年间在敦煌开窟94个。	公元606年，戒日王即位，定都曲女城，北印度归于统一； 公元610年，阿拉伯人穆罕默德创立伊斯兰教； 公元615年，吐火罗、龟兹、疏勒、于阗、安国、何国、曹国等遣使到中国向隋朝朝贡。
唐 （公元619~781年）		沙州、敦煌郡	公元622年，设西沙州，公元633年改沙州，公元740年改郡，公元758年，复为沙州； 公元618~704年，在敦煌历史分期上为初唐期； 公元695年，禅师灵隐、居士阴祖等在莫高窟修建高达35.2米的北大像；	公元630年，穆罕默德以麦加作为伊斯兰教朝圣之地； 公元640年，戒日王遣使到长安，为中印邦交之始； 公元644~656年，阿拉伯文《古兰经》成书；

续表

			公元 704~781 年，在敦煌历史分期上为盛唐期； 公元 721 年，僧人处谚与乡人马思忠等造高达 27 米的南大像。	公元 651 年，阿拉伯军攻波斯，波斯向唐求援； 公元 652 年，阿拉伯灭波斯萨珊王朝； 公元 692 年伊斯兰教伟大建筑耶路撒冷之石制圆顶教堂建成； 公元 716 年，印度沙门善无畏来长安。
吐蕃 （公元 781~848 年）	沙州敦煌县		公元 781 年，吐蕃占领敦煌，统治当地达 67 年，这段时期在敦煌历史分期上为中唐期，也称吐蕃时期。	公元 795 年，巴格达设造纸作坊，以中国方法造纸。
张氏归义军 （公元 848~910 年）	沙州敦煌县		公元 848 年，张议潮逐走吐蕃，归降唐朝，后被册封为归义军节度使； 公元 851 年，唐朝以沙门洪䛒为河西都僧统，管理僧侣事务； 公元 868 年，敦煌发现的最早的雕版印刷佛经在这年出版。	
西汉金山国 （公元 906~914 年）	国都		公元 906 年，归义军节度使张承奉自立为白衣天子，号西汉金山国； 公元 911 年，张承奉向回鹘求和，尊回鹘可汗为父，改称"敦煌国"，去天子称号，改称王； 张议潮至张承奉统治期在敦煌历史分期上为晚唐期。	
曹氏归义军 后梁 后唐 后晋 后汉 后周 宋 （公元 914~1036 年）	沙州敦煌县 沙州敦煌县 沙州敦煌县 沙州敦煌县 沙州敦煌县 沙州敦煌县		公元 914 年，曹议金取代张承奉，废金山国，仍称归义军节度使。	公元 916 年，通往中亚的路被藏人和阿拉伯人占领； 公元 991 年，阿拉伯数字开始传入欧洲； 公元 1000~1026 年，伊斯兰教传入印度。

续表

西夏 （公元 1036～1227 年）	西夏 蒙古	沙州 沙州路	公元 1036 年，西夏攻占沙州，归义军政权结束，敦煌由西夏控制；西夏在莫高窟重修 60 窟。	公元 1204 年，十字军攻陷东罗马帝国的君士坦丁堡，建立"拉丁帝国"，东罗马帝国分裂为三部。
蒙元 （公元 1227～1402 年）	元 北元	沙州路 沙州路	公元 1227 年，蒙古占领敦煌； 公元 1229 年，蒙古自敦煌置驿抵玉门关，以通西域。	公元 1256 年，波斯被蒙古军征服； 公元 1258 年，阿拉伯阿拔王朝被蒙古军征服，同年蒙古军在其征服的伊朗、阿富汗、两河流域等地建立伊儿汗国； 公元 1369 年，帖木儿汗国建立，以撒马尔罕为首都，成为中亚强国。
明 （公元 1368～1644 年）		沙州卫、罕东街	公元 1372 年，明将冯胜经略河西，建嘉峪关，敦煌被弃置关外； 公元 1516 年，吐鲁番占领敦煌； 公元 1524 年明朝关闭嘉峪关，沙州民众内迁，敦煌凋零。	公元 1404 年，帖木儿准备进攻中国，于征途中病死； 公元 1453 年，君士坦丁堡被土耳其军攻陷，东罗马帝国灭亡； 公元 1498 年，达伽马航抵印度； 公元 1550 年，帖木儿帝国灭亡； 公元 1526 年，印度莫卧儿帝国建立； 约公元 16 世纪，阿拉伯民间故事集《一千零一夜》成书； 公元 1632 年，印度修筑泰姬陵，被喻为世界七大建筑奇迹之一； 公元 1669 年，莫卧儿帝国禁止婆罗门教。
清 （公元 1644～1911 年）		敦煌县	公元 1715 年，清兵出嘉峪关收复敦煌一带； 公元 1724 年，筑城置县； 公元 1900 年，道士王圆箓在清除积沙时，发现藏经洞。	公元 1857 年，英军攻陷德里，印度莫卧儿帝国灭亡。

图书在版编目（CIP）数据

报恩父母经典故事 / 樊锦诗主编. -- 上海：华东师范大学出版社, 2016.1
（解读敦煌）
ISBN 978-7-5675-4698-1

Ⅰ.①报… Ⅱ.①樊… Ⅲ.①敦煌石窟－壁画－研究
Ⅳ.①K879.414

中国版本图书馆 CIP 数据核字(2016)第 027593 号

解读敦煌
报恩父母经典故事
本生根据殷光明著《敦煌石窟全集·报恩经画卷》改编

主　　编　樊锦诗
摄　　影　孙志军
策划编辑　王　焰
项目编辑　储德天
文字统筹　陆晓如
文字编辑　张巍元
封面设计　卢晓红
版式设计　大禾文化
排　　版　刘新慧

出版发行　华东师范大学出版社
社　　址　上海市中山北路 3663 号　邮编 200062
网　　址　www.ecnupress.com.cn
电　　话　021-60821666　行政传真 021-62572105
客服电话　021-62865537（兼传真）
门市（邮购）电话 021-62869887
门市地址　上海市中山北路 3663 号华东师范大学校内先锋路口
网　　店　http://hdsdcbs.tmall.com/

印 刷 者　上海中华商务联合印刷有限公司
开　　本　787×1092　16 开
印　　张　12.5
字　　数　122 千字
版　　次　2016 年 3 月第 1 版
印　　次　2019 年 3 月第 3 次
书　　号　ISBN 978-7-5675-4698-1/J·276
定　　价　76.00 元

出版人　王　焰

（如发现本版图书有印订质量问题，请寄回本社市场部调换或电话 021-62865537 联系）